MARCO POLO

Gran Canaria

Reisen mit Insider Tipps

Diesen Führer schrieb Sven Weniger, der seit vielen Jahren seinen zweiten Wohnsitz auf Gran Canaria hat.

www.marcopolo.de
Infos zu den beliebtesten Reisezielen im Internet, siehe auch Seite 102

MAIRS GEOGRAPHISCHER VERLAG

SYMBOLE

Insider Tipp **MARCO POLO INSIDER-TIPPS:**
Von unserem Autor für Sie entdeckt

★ **MARCO POLO HIGHLIGHTS:**
Alles, was Sie auf Gran Canaria kennen sollten

HIER HABEN SIE EINE SCHÖNE AUSSICHT

WO SIE JUNGE LEUTE TREFFEN

PREISKATEGORIEN

Hotels	
€€€	über 120 Euro
€€	70–120 Euro
€	bis 70 Euro

Die Preise gelten für zwei Personen im Doppelzimmer mit Frühstück (Hotels) bzw. ohne (Pensionen) bzw. pro Wohneinheit (Apt.).

Restaurants	
€€€	über 20 Euro
€€	10–20 Euro
€	bis 10 Euro

Die Preise gelten pro Person für eine durchschnittliche Mahlzeit mit Vorspeise und Hauptgericht ohne Getränke.

KARTEN

[112 A1] Seitenzahlen und Koordinaten für den Reiseatlas Gran Canaria

Karten zu Las Palmas, Maspalomas, Playa del Inglés und San Agustín finden Sie im hinteren Umschlag.

Zu Ihrer Orientierung sind auch die Orte mit Koordinaten versehen, die nicht im Reiseatlas eingetragen sind.

GUT ZU WISSEN

Kanarische Spezialitäten **20** · Käse mit Schuss **24**
Urlaub mal ganz anders **46** · Kirchen und Museen **48**
Lesen und schmökern **69** · Wohlfühlen und genießen **73**

INHALT

Die wichtigsten MARCO POLO Highlights

Sehenswürdigkeiten, Orte und Erlebnisse, die Sie nicht verpassen sollten

1. **Carnaval**
Wochenlanger Fiestataumel in der Hauptstadt (Seite 26)

2. **Casa de Colón**
Im schönsten Bauwerk in der Altstadt von Las Palmas erfahren Sie viel über Kolumbus und die Entdeckung Amerikas (Seite 33)

3. **Museo Canario**
Im besten Museum Gran Canarias gibt es Mumien, Skelette, eine seltsame Tonfigur und andere Funde aus der Zeit der Altkanarier (Seite 33)

4. **Montesdeoca**
Las Palmas' bestes Restaurant ist der ideale Ort für ein Dinner für Verliebte (Seite 34)

5. **Playa de las Canteras**
Der tolle Stadtstrand von Las Palmas lädt mit breiter Promenade zum Baden und Bummeln ein (Seite 36)

6. **Artenara**
Im höchstgelegenen Ort der Insel leben viele Bewohner noch in Felshöhlen. Eine kuriose Höhlenkapelle kann besichtigt werden (Seite 40)

7. **Pico de las Nieves**
Vom mit 1949 m höchsten Punkt Gran Canarias sieht man bis zur Nachbarinsel Teneriffa (Seite 43)

Dunas de Maspalomas

Cenobio de Valerón

Im Parque Palmitos

★8 Tejeda
Traumhaft ist die Hanglage des Bergdorfes mit Blick auf den Felsen Roque Bentaiga (Seite 47)

★9 Roque Nublo
Der massige Monolith in den Bergen ist das Wahrzeichen Gran Canarias. Sie können ihn erklimmen (Seite 49)

★10 Caldera de Bandama
Gran Canarias größter Krater ist kreisrund und hat einen Durchmesser von 1000 m (Seite 57)

★11 Cenobio de Valerón
Geheimnisumwittert bleibt die Bedeutung der 298 kleinen Felsnischen in der mächtigen Höhle an der Nordküste (Seite 58)

★12 Teror
Der mit viel Liebe gepflegte Bergort mit typisch kanarischer Architektur ist auch ein wichtiges Pilgerziel (Seite 61)

★13 Dunas de Maspalomas
Die gewaltigen Sanddünen an der Südküste sind von einzigartiger Schönheit (Seite 70)

★14 Küstenpromenade
In schwindelnder Höhe verbindet der Spazierweg die beiden Strände Puerto Rico und Playa Amadores (Seite 80)

★15 Parque Palmitos
Im schönsten Freizeitpark der Insel gibt es exotische Pflanzen, Hunderte Tiere und Shows für Jung und Alt (Seite 97)

★ Die Highlights sind in der Karte auf dem hinteren Umschlag eingetragen

Entdecken Sie Gran Canaria!

Dünen, Strände, Fischerorte; Höhlendörfer, Berggrate, enge Täler – so abwechslungsreich ist diese Insel

Jeden Morgen das gleiche Bild: Männer machen sich mit Macheten zwischen Bananenstauden zu schaffen. Tomatenpflücker ernten duftende Früchte. Fischer tuckern in ihren Booten hinaus aufs Meer. Esel ziehen Pflüge durch Terrassenfelder in den Bergen. In den Straßen von Las Palmas staut sich der Verkehr – Gran Canaria beginnt den Tag.

Oft fällt es schwer, in der Sonneninsel, die nur 150 km von Afrikas Küste entfernt liegt und von der es schon zu Homers Zeiten hieß, dort herrsche der »ewige Frühling«, eines der größten Touristenziele Europas zu erkennen. Ungeachtet der gut 3 Mio. Urlauber, die hier Jahr für Jahr Wärme und Erholung suchen, hat Gran Canaria nämlich seinen ländlichen, mediterranen Charme bewahrt. Ob San Nicolás im Westen oder Agüimes im Osten – in den meisten Orten folgt der Alltag einem gemächlichen Rhythmus. Eng scharen sich im Ortskern die Häuser um die Dorfkirche, die wie ein Hirte aus der Menge der quadratischen Flachbauten herausragt. Davor die schattige Plaza als Spielplatz für Kinder und Treffpunkt der Alten, die, in traditionelles Schwarz gekleidet, über den Lauf der Dinge räsonieren.

300 m lang ist der feine Sandstrand in Puerto Rico

Fischerhäuschen im lebhaften Puerto de las Nieves

Doch natürlich ist auch auf Gran Canaria die Zeit nicht stehen geblieben. Dörfer verwaisen. Neubausiedlungen locken mit mehr Platz und Abwechslung. Musste man sich früher in Stunden- oder Tagesmärschen nach Las Palmas aufmachen, führen heute gut ausgebaute Straßen dorthin. Selbst wer hoch in den Bergen wohnt, ist nun in weniger als einer Stunde in Gran Canarias Halbmillionenkapitale, in der es ebenso südländisch hektisch zugeht wie beispielsweise in Sevilla oder Málaga.

Geschichtstabelle

Seit 1100 v. Chr. Während ihrer Entdeckungsfahrten entlang der afrikanischen Küste gelangen Phönizier und Karthager auf die Kanarischen Inseln. Ein dauerhafter Handelsverkehr mit den Altkanariern kommt aber nicht zu Stande

1. Jh. n. Chr. Plinius d. Ä. (23–79 n.Chr.) schildert in seiner »Historia Naturalis« die Expedition zu einer Inselgruppe, die er »Canaria« nennt

1344 Papst Clemens VI. ernennt den spanischen Adligen Luís de la Cerda zum König der Kanarischen Inseln, ein Titel ohne Folgen, da auf den Inseln noch die Altkanarier herrschen

1478 Der spanische Eroberer Juan Rejón geht im Auftrag der kastilischen Krone am 24. Juni 1478 an Land und gründet die Siedlung Las Palmas

1479 Im Vertrag von Alcáçovas zwischen Spanien und Portugal werden die Kanaren der kastilischen Krone zugesprochen

1483 Nach langen, zähen Kämpfen unterwirft Rejón die beiden Reiche der auf der Insel herrschenden Guanartemen (Könige) Thenesor Semidan in Gáldar und Doramas in Telde

1492 Während seiner ersten Entdeckungsfahrt nach Amerika macht Christoph Kolumbus auf Gran Canaria Station

1537 Der Sklavenhandel, der die Altkanarier seit der Eroberung dezimierte, wird endlich verboten

1799 Alexander von Humboldt geht auf seiner Reise nach Südamerika auf den Kanaren an Land

1820 Las Palmas wird offiziell Hauptstadt Gran Canarias

1852 Königin Isabel II. erklärt die Kanaren zur Freihandelszone

1884 Das erste Hotel in Las Palmas wird eröffnet. Das Zeitalter des Schifffahrtstourismus beginnt

1927 Gran Canaria, Lanzarote und Fuerteventura werden zur Provinz Las Palmas de Gran Canaria zusammengefasst

1930 Bau des Flughafens Gando

Seit 1950 Die Insel erlebt mit Beginn des Flugtourismus einen steilen Aufschwung

1982 Die Kanaren erhalten einen begrenzten Autonomiestatus und eine Regionalverfassung

1986 Spanien wird EU-Mitglied

2004 Maspalomas feiert sein 40-jähriges Bestehen. Die Autobahnumgehung von Las Palmas wird fertig gestellt

Viele Häuser von Puerto de Mogán sind im andalusischen Stil gebaut

Kaum noch etwas erinnert in Las Palmas an den Ort, den der spanische *conquistador* Juan Rejón 1478 vorfand, als er am 24. Juni mit 600 Getreuen an Land ging, um die mit 1532 km² nach Teneriffa und Fuerteventura drittgrößte Kanareninsel für die kastilische Krone zu erobern. Weite Strände säumten den Nordosten der Insel. Ein munterer Fluss strömte der Küste entgegen. Fünf Jahre lang wehrten sich die Altkanarier gegen die Eroberung. Dann setzten sich die Europäer mit Hilfe ihrer modernen Waffen durch. Doch in den folgenden Jahrhunderten blieben die Veränderungen weit gehend auf Las Palmas und dessen Umgebung beschränkt. Man erlebte Boom und Niedergang des Zuckerrohranbaus. Der Schiffshandel zwischen Europa und Amerika bescherte der Stadt Wohlstand, aber auch Piratenüberfälle auf den prosperierenden Hafen. Gran Canaria war Las Palmas. Der Rest verharrte in bitterer Armut.

» Gran Canaria – das war lange nur Las Palmas «

Erst der Tourismus half Gran Canaria endgültig auf die Beine. Seit Anfang der 1960er-Jahre im Süden eines der größten Ferienzentren Europas entstand, gab es eine rasante Entwicklung. Mehr als 100 000 Gästebetten entstanden zwischen San Agustín und Puerto de Mogán, ein Ende ist nicht in Sicht. Zu herrlich sind Strände und Dünenlandschaft, zu beständig das gute Wetter, zu ideal die Lage zwischen Meer und Bergen.

Wie mit einem Katapult ins 20. Jh. geschossen, taten sich viele *canarios* schwer, dies alles zu verdauen. Und die Probleme halten an. Vor allem junge Leute verführt der Alltag der Touristen – stets gut drauf und mit Geld in der Tasche – heute mehr denn je dazu, es ihnen so schnell wie möglich gleichtun zu wollen. So ziehen sie schnelle Jobs einer guten Ausbildung vor, landen aber auch ebenso rasch als Arbeitslose wieder auf der Straße.

Viele Besucher sind nach ihrer Ankunft auf dem Flughafen Gando geschockt von der Kargheit des Inselsüdens. Hässliche Siedlungen, verfallene Plantagen, staubige Luft über Geröllhalden – auf der Fahrt nach Playa del Inglés sieht man, was es bedeutet, 350 Tage im Jahr brennender Sonne ausgesetzt zu sein. Nur einheimische Flora trotzt dieser Dürre noch Leben ab: Cardón (Säuleneuphorbien), Retama, Tabaiba oder Tajinaste – dickblättrige, buschige Gewächse, die lange Zeit Wasser speichern können – haben sich an eine Existenz in diesen Trockenzonen angepasst. In den Ferienorten nimmt dann Blütenzauber, der nur dank aufwändiger Bewässerung existiert, die Ankömmlinge gefangen. Viele verlassen diesen lieblichen Teil der Insel während ihres Urlaubs nie.

Schade, denn Gran Canaria ist sehr vielfältig. Nahezu kreisförmig und vulkanischen Ursprungs, wird das Eiland genau in der Mitte vom 1949 m hohen Pico de las Nieves überragt, dem höchsten Punkt der *cumbre,* der zentralen Gebirgsregion. Von hier aus führen *barrancos* – Erosionstäler – sternförmig zu den Küsten. *Calderas* – kesselförmige Krater – erinnern an die vulkanaktive Zeit. Stauseen im Hochland sind für die Trinkwasserversorgung von großer Bedeutung. Rasch wechselt mit zunehmender Höhe die Vegetation. Kakteen, Orangen- und Bananenplantagen weichen Maulbeer- und Feigenbäumen. Im Frühjahr taucht blühender Ginster die Berge in leuchtendes Gelb. Und schon ab Mitte Januar umgibt die Mandelblüte manche Dörfer mit einem weißen Blütenmeer.

» Im Frühjahr taucht blühender Ginster die Cumbre in leuchtendes Gelb «

Einst waren weite Teile der Insel mit Kanarischer Pinie bedeckt. Lorbeerwälder entzogen den Passatwolken Feuchtigkeit, die zu Boden tropfte und die Insel grün und fruchtbar machte. Es gab eine einzigartige Vegetation, die außerhalb der Makronesischen Inselwelt (Kanaren, Kapverden, Madeira, Azoren) schon vor 20 Mio. Jahren ausstarb. Erst der Kahlschlag der Spanier, die Holz für den Schiffbau brauchten, und später die Monokulturen der Pflanzer schädigten das fragile Ökosystem schwer. Inzwischen stehen gut 40 Prozent der Insel unter Naturschutz, Meerwasserentsalzungsanlagen und Recycling helfen, den enorm gestiegenen Wasserbedarf zu decken.

Wer sich auf sie einlässt, kann die Vielfalt der Insel in vollen Zügen genießen. Beispielsweise auf dem Dach Gran Canarias, dem Pico de las Nieves. Bei der militärischen Horchstation Los Pechos, deren weiße Radarkuppeln kilometerweit zu sehen sind, liegen die tollsten Aussichtspunkte. Weite Wälder überziehen die tiefer gelegenen Berghänge im Norden. Teneriffas Teide, Spaniens höchster Berg, scheint zum Greifen nah. Oft stauen sich Passatwolken an der Cumbre und liegen wie ein dicker Teppich zwischen den beiden Inseln. Da sie selten höher als 1700 m steigen, bleibt der Süden Gran Canarias ohne Regen, der Norden dagegen ist dank der Niederschläge grün.

Einheimische Tiere gibt es nicht viele. Eidechsen rascheln durchs Gestrüpp, Tauben und einige Raubvögel bevölkern die Lüfte. Der Kanarienvogel, bei uns ein farbenprächtiger Sänger, fliegt in seiner Urform als unscheinbarer gelbgrüner Girlitz durch die Wälder. Artenreicher ist dagegen das Meer. Schon beim Schnorcheln am Strand können Sie viele kleine Fische entdecken. Mantarochen sonnen sich gelegentlich im Flachwasser der Buchten; in den bis zu 3000 m tiefen Gräben zwischen den Inseln tummeln sich Haie, Delphine und Grindwale.

»Der Drago ist Wahrzeichen Gran Canarias«

Die Canarios haben sich anfangs schwer mit Europa, ja sogar mit Spanien getan. Noch in den 70er-Jahren gab es separatistische Bewegungen. Inzwischen haben sich die Gemüter beruhigt. Gelder aus Brüssel haben in den Dörfern neue Jobs geschaffen und Höhlenwohnungen vor dem Verfall gerettet.

Las Palmas' Altstadt Vegueta, die älteste Kolonialstadt Spaniens, unterstreicht mit massiven Bauten auch optisch den Machtanspruch der Eroberer des 15. und 16. Jhs. Artenara ist ein erstklassig erhaltener Höhlenort. Größte Augenweide ist jedoch Teror. Das Ensemble aus antiker Basilika, natursteingepflasterten Straßen und Hausfassaden mit herrlichen Holzbalkonen ist vollständig erhalten und gilt als bestes Beispiel kanarischer Baukunst. Auf einer kleinen Plaza unweit der Basilika steht ein Exemplar der geheimnisvollsten kanarischen Pflanze. Keine hat die Phantasien der Canarios so beflügelt wie der *drago,* der Drachenbaum, noch heute Wahrzeichen der Insel. Den Altkanariern galt er als heilig. Sein »Drachenblut« – das Harz färbt sich an der Luft dunkelrot – wurde seit grauer Vorzeit bei der Zubereitung von Heiltränken und Salben verwendet.

Blick von der Altstadt Vegueta auf Las Palmas

Dünen, Schnee und Carnaval

Manches aus Geschichte und Gegenwart Gran Canarias überrascht

Altkanarier

Viel weiß man nicht von den Ureinwohnern der Kanaren. Sie besiedelten den Archipel wohl erst im 3. Jh. v. Chr. und entstammten sehr wahrscheinlich hellhäutigen Berberstämmen aus Nordafrika. Rasch verloren die Inseln den Kontakt untereinander. Bootsbau war unbekannt, gefischt wurde nur von Land aus. Die Altkanarier waren vor allem Bauern, die Ziegen und Schafe hielten und Gerste anbauten, aus der sie *Gofiomehl,* ihr Grundnahrungsmittel, gewannen. Auf Gran Canaria etablierten sich zwei Königreiche, eines im Nordwesten mit Gáldar als Sitz, eines im Nordosten um die Siedlung Telde. Beherrscht wurden sie von *guanartemen* (Königen), die einer schmalen Adelsschicht entstammten und von den Priestern bestätigt werden mussten. Das Volk lebte vor allem in Höhlen, nur höher gestellte Familien bewohnten auch Steinhütten. In Felsenhöhlen und -nischen wurden auch die oft mit viel Geschick mumifizierten Toten bestattet. Als die Spanier 1478 an Land gingen, regierten auf Gran Canaria Tenesor Semidan in Gáldar und Doramas in Telde. Nach fünfjährigen Kämpfen wurden sie besiegt. Doramas fiel 1481 in der Schlacht. Seine Getreuen stürzten sich der Legende nach von der Fortaleza de Ansite, einem gewaltigen Felsblock bei Santa Lucía, in den Tod. Tenesor Semidan wurde gefangen genommen und ließ sich taufen. Die stark dezimierten Altkanarier gingen bald in der Bevölkerung der Eroberer auf.

Kanarische Bananen: kleine, aber sehr schmackhafte Früchte von imposanten Stauden

Bananen

Gran Canaria bietet Bananenpflanzen ein ideales Klima. Deshalb gibt es auch schon seit gut 100 Jahren riesige Plantagen auf der Insel. Im Norden bei Arucas und im Süden bei Arguineguín bedecken Hunderttausende der dicht an dicht stehenden Stauden weite Landstriche. Schauen Sie sich mal eine von nahem an: Jede der großblättrigen Pflanzen entwickelt in ihrer fünf Monate dauernden Lebensspanne eine riesige lila Blüte, aus deren Fruchtstand sich die Bananenfrüchte entwickeln. Nach der Ernte schlagen Arbeiter die Stämme ab, während bereits junge Pflanzen aus dem Boden sprießen. Kanarische Bananen sind kleiner als ihre mittelamerikanischen Schwestern und wesentlich schmackhafter. Am besten kauft man sie auf dem Wochenmarkt in Las Palmas.

Carnaval

Brasilianische Rhythmen auf Gran Canaria, Rio in Las Palmas – das sind keine leeren Worte. *El carnaval* hat nur wenig mit unserem Karneval gemein. Er ist eine Fiesta der Phantasie und Sinne, in der die Canarios die engen Normen ihrer konservativ-traditionellen Gesellschaft einmal im Jahr über Bord werfen. Monatelang laufen die Vorbereitungen für die Festwochen, die stets im Februar und März liegen. Es werden *carrozas* (Festwagen) gebaut und dekoriert, Kostüme geschneidert, Masken und Verkleidungen gebastelt. Alles ist erlaubt, jeder kann seinen Wünschen freien Lauf lassen. Jeder Ort hat seine *murgas,* verkleidete Spaßmachergruppen, die während der *desfiles,* der Umzüge, tanzend und lärmend durch die Straßen ziehen und einander an Verrücktheit und Lautstärke zu überbieten suchen. Los geht's meist erst abends, und gefeiert wird die ganze Nacht – wochenlang. Kinder und Alte sind mit von der Partie, wenn sich die Dorfplaza in einen Hexenkessel verwandelt. Agüimes ist das Zentrum des ländlichen Karnevals. In Las Palmas sind die Umzüge aufwändiger. Die Wahl der *reina del carnaval* (Karnevalskönigin) wird live im Fernsehen gezeigt, die Kostüme der Aspirantinnen kosten oft so viel wie ein Mittelklassewagen. Jeder Karnevalstag endet mit dem *mogollón,* dem Abtanzen nach Latinorhythmen, das oft bis in den frühen Morgen dauert. Die Kinder haben ihren eigenen Umzug und ihre eigene Königin. Grandioser Abschluss des Carnaval ist der *entierro de la sardina* – das Begräbnis der Sardine. Warum ein Fisch zu Grabe getragen wird, weiß niemand. Noch einmal gibt es einen farbenprächtigen Umzug, bei dem eine gewaltige Pappsardine durch die Straßen gezogen wird. Zum Schluss explodiert sie in einem Feuerwerk aus Lichtbögen, Raketen und Knallkörpern. An allen Aktivitäten können Urlauber teilhaben; Informationen und Daten haben die Touristenbüros.

Dromedare

Es ist ein tolles Bild, wenn die Dromedare bei Maspalomas in einer langen Karawane durch die weite Dünenlandschaft ziehen. Die Tiere gehören zu den großen Touristenattraktionen. Wohl schon mit den ersten Europäern kamen die einhöckrigen Asketen nach Gran Canaria. Als ideale Arbeitstiere – sie kommen wochenlang ohne Wasser aus und schleppen klaglos schwere Lasten – wurden sie vielfältig eingesetzt. Obwohl ihre Karriere mit der Einführung von Maschinen beendet schien, erlebten die Dromedare durch den Tourismus eine Renaissance. Täglich setzen sich Hunderte Urlauber in die grünen Sättel rechts und links der Höcker, um sich von den urigen Viechern durch die Gegend schaukeln zu lassen. Es gibt drei Dromedarstationen auf der Insel. Unterhalb Fatagas werden Dromedare auch gezüchtet und können mit ihren Jungtieren aus der Nähe besichtigt werden.

Dünen

Die weißgolden flirrenden *Dunas de Maspalomas* bieten ein ganz besonderes Naturerlebnis. Bis zu 12 m hoch türmen sich die Sandwälle auf. 1,5 km weit stoßen sie an ihrer breitesten Stelle ins Landesinnere vor. Diese 418 ha Sand, durchsetzt mit einer eigenen Flora, sind seit 1987 als »Naturlandschaft von nationalem Interesse« unter Schutz gestellt. Sie bestehen nicht, wie viele vermuten, aus Flugsand der nur 200 km entfernt liegenden Sahara, sondern fast ausschließlich aus von der Brandung zerriebenem, angespültem Korallen- und Muschelkalk. Und sie wandern. Im Schneckentempo kriechen die Dünen 2 bis 5 m pro Jahr in Richtung Westen, immer wieder neu geformt und gezeichnet vom steten Passat. Erst mit größerer Entfernung zum Meer stoppen stärkerer Pflanzenwuchs und abflauender Wind diese Bewegung.

Höhlen

Noch heute kann es passieren, dass ein Hausbesitzer in Artenara einfach zum Presslufthammer greift, wenn er den Wohnraum für seine Familie vergrößern will. Wie vor 1000 Jahren leben viele Bewohner des Ortes hoch in den Bergen nämlich immer noch in Höhlen. Und bei Bedarf meißeln sie sich ein neues Zimmer aus dem weichen Tuffstein. Nicht mehr wie zu Urgroßvaters Zeiten, als man mit Hacken und Messern dem Fels zu Leibe rückte. Doch im Prinzip hat sich wenig verändert. Strom und Wasser gibt's natürlich. Aber auch jetzt noch darf man nicht zu tief in den Fels graben, weil sonst Feuchtigkeit austritt. Den großen Vorteil einer Höhle, dass sie im Winter warm und im Sommer kühl ist, wissen ihre Bewohner immer noch zu schätzen. Schon die Altkanarier gruben sich mit Steinen Wohnhöhlen aus den Vulkanwänden, bestatteten ihre Toten in Höhlen, nutzten sie als Speicher oder Kultplätze, wie es der Cenobio de Valerón eindrucksvoll zeigt. Viele Grab- und Wohnhöhlen gibt's außerdem im Barranco de Guayadeque bei Agüimes.

In Artenara leben heute noch viele Menschen in Höhlenwohnungen

Lucha Canaria

Die Lucha Canaria, den kanarischen Ringkampf, gab es schon zur Zeit der Altkanarier. Sie wird nur auf den sieben Inseln des Archipels betrieben. In einem Kreis von ungefähr 15 m Durchmesser, der mit Sägespänen oder Sand ausgelegt ist, treten zwölf Kämpfer zweier Teams paarweise gegeneinander an. In Ausgangsposition – vornübergebeugt einander zugewandt und das aufgekrempelte Hosenbein des Gegners mit der linken Hand umklammernd – beginnt der maximal drei Minuten dauernde Kampf. Mit verschiedenen Ringergriffen versuchen die *luchadores,* den Gegner auszuhebeln und zu Boden zu werfen. Gelingt dies, ist der Kampf vorbei. Es sind nicht nur Gewicht, sondern auch Technik und Schnelligkeit ausschlaggebend. Wer seinen Gegner in drei Kämpfen zweimal bezwingt, gewinnt. Die Mannschaft mit den meisten Siegen entscheidet den Wettbewerb für sich. Die Lucha Canaria hat zwar ihren Spitzenplatz im Sport an den Fußball verloren, dennoch ist das Interesse der Canarios noch immer groß. Wichtige Turniere werden ausführlich im Fernsehen übertragen. Große Kämpfer sind sehr angesehen und verdienen mit ihrem Können viel Geld. Kämpfe finden, übers Jahr verteilt, in vielen Orten statt. Tipps und Termine für den Besuch einer Lucha Canaria haben die Touristenbüros.

Schnee

Eigentlich ein absurdes Thema für eine Insel vor Afrikas Küste, sollte man meinen. Doch schneit es in Gran Canarias Cumbre, der schroffen Bergwelt rund um den 1949 m hohen Pico de las Nieves, im Schnitt alle zwei, drei Jahre. Das ist jedes Mal eine Sensation. Die Tageszeitungen schreiben darüber auf den Titelseiten, das Lokalfernsehen schickt Teams in die Berge, Fotografen schießen Bilder von verschneiten Hängen, havarierten Autos und wie mit Zuckerguss belegten Tannen. Am Wochenende machen sich die Canarios zu Tausenden auf den Weg, um die weiße Pracht live zu sehen. In der Cumbre stauen sich die Wagen, und oben sieht man dick vermummte Familien begeistert durchs Gelände stapfen. Man schlägt Schneeballschlachten, baut Schneemänner, an Ständen mit heißer Schokolade stehen die Leute Schlange. Ein fröhliches, übermütiges Treiben, an das alle noch lange zurückdenken.

Virgen del Pino

Anfang September findet in Teror an zwei Tagen die *Romería Virgen del Pino* statt, die »Wallfahrt der Jungfrau von der Pinie«, die größte der Kanaren. Hintergrund ist eine Legende, nach der altkanarische Hirten in der Nacht zum 8. September 1481 in der Gegend eine Marienerscheinung hatten und kurz darauf eine Figur der Muttergottes in besagter Pinie entdeckten. Eine Kapelle wurde errichtet, Pilger kamen, der Wallfahrtsort Teror entstand. Neben der feierlichen Prozession, in der die hochverehrte und reich geschmückte Marienstatue jedes Jahr aus der Kathedrale und durch die Straßen Terors getragen wird, ist vor allem die Fiesta am Tag davor ein tolles Ereignis. Aus allen Dörfern Gran Canarias, aber auch von anderen Inseln, kommen Abordnungen in typischen Trach-

Wasser – für den Tourismus ebenso wichtig wie für die Landwirtschaft

ten mit herrlich dekorierten Festwagen, um der Heiligen Jungfrau zu huldigen. Diese *carrozas* tragen schwer an den Opfergaben, die typisch für den jeweiligen Ort sind und später an Bedürftige verteilt werden. Danach klingt der Tag in einem bunten Volksfest aus, das die ganze Nacht dauert. Es gibt Karussells und Stände mit Leckereien.

Wasser

Eine Insel, über der ewig die Sonne scheint, hat auch eine Kehrseite: den Mangel an Wasser. Früher gab es Flüsse auf Gran Canaria, dichte Lorbeerwälder zogen Feuchtigkeit aus den Passatwolken, Brunnen versorgten die Bauern. Nun sind die Bäume abgeholzt, die Brunnen versiegt, nur ein Flüsschen fließt noch auf der Insel. In riesigen Stauseen, die meist bedrohlich leer sind, wird Regenwasser gesammelt. Meerwasserentsalzungsanlagen versorgen die Feriengebiete, Brauchwasser wird recycelt. All das kostet viel Geld und Energie. Daher hier eine Bitte, die nicht oft genug wiederholt werden kann: Vergeuden Sie kein Wasser!

Wein

Weinbau hat eine lange Tradition auf den Kanaren. Wohl bereits im 15. Jh. gelangten die ersten Rebstöcke von Kreta aus nach Gran Canaria. Und bald schon rissen sich die europäischen Königshäuser um die Tropfen aus der schweren Malvasíatraube, denen sogar Shakespeare Tribut zollte, als er seinen Falstaff jubeln ließ: »Welch wunderbarer Nektar, der das Blut durchdringt und parfümiert!« Viel ist von dieser Pracht nicht geblieben. 500 ha Weinberge gibt es noch an den Hängen des Monte Lentiscal. Doch es lohnt sich, in einer der kleinen Bodegas vorbeizuschauen und dabei eine der raren Flaschen *Del Monte* zu erstehen, erdigen, fruchtig-trockenen *blanco* (Weißwein), *tinto* (Rotwein) oder den bernsteinfarbenen *moscatel*. Traubenernte ist im September.

Tafeln wie die Canarios

Gofio, Fisch und scharfe Soßen bilden das Rückgrat der kanarischen Küche

Der Koch tischt auf: *potaje canario,* eine herzhafte Gemüsesuppe, und *gofio escaldado,* mit Maismehl angedickten Fischsud. Brot und eine Flasche Firgas-Mineralwasser werden gereicht – *buen provecho!* Am guten Appetit soll's nicht fehlen. Nur schade, dass es in Touristenrestaurants selten so typisch zugeht wie im *Tenderete II* in Playa del Inglés; sind doch die fein zubereiteten Traditionsgerichte der beste Einstieg ins kanarische Leben. Einfach, aber stets mit Pfiff, das war schon immer das Motto der Insulaner. Kein Wunder, galt es doch bereits für die Altkanarier, aus fast nichts mehr als nur etwas zu machen. Täglich ratterten die Wassermühlen in den Bergen, zermahlten dottergelbe, gebrannte Maiskörner, die in großen Säcken an der Wand lehnten. Ein unscheinbares, beigefarbenes Pulver rieselte heraus, Grundnahrungsmittel eines ganzen Volkes: *gofio.* Ob aus Gerste, Weizen oder Mais, Gofiomehl war stets verfügbar, lange lagerfähig, universell zu gebrauchen und proteinreich. Es wurde zu Brot und Tortillas verbacken, in Suppen und Soßen verrührt und zu Fisch und Fleisch verzehrt.

Schöner Platz zum Kaffeetrinken: der Quiosco in Las Palmas

Noch heute sind Eintöpfe und Suppen, angereichert mit den Resten anderer Mahlzeiten, das Rückgrat der *cocina casera,* der kanarischen Hausmannskost, die in einfachen Lokalen gern bestellt wird.

Vor allem mittags, also zwischen 13 und 15 Uhr, treffen sich dort die Arbeiter, um preiswert zu essen. Optische Finessen und polierter Service sind dabei unwichtig. Schnell soll's gehen, das Weißbrot muss frisch, die Größe der Portionen anständig sein. Fisch wird meist *a la plancha* zubereitet, das heißt einfach auf beiden Seiten in Olivenöl gebraten. Dabei ist es egal, ob nun *vieja* (Papageifisch), *caballa* (Makrele), *sama* (Zahnbrasse) oder *cherne* (Wrack- oder Zackenbarsch) auf der Karte stehen – fangfrisch sind die kanarischen Meerestiere garantiert.

Die *cocina casera* ist auch ein Spiegel der Zeit, als die Kanaren Drehkreuz zwischen den Welten waren. Yams aus Afrika, Süßkartoffeln aus Südamerika, Safran aus der Mancha finden sich auch in aktuellen Gerichten. Der karibische *arroz a la cubana* – eine Kreation aus Reis, Tomatensoße, gebackenen Ba-

Kanarische Spezialitäten

Lassen Sie sich diese Köstlichkeiten gut schmecken!

adobo – scharfe Beize aus Öl, Essig, Lorbeer, Kräutern, Weißwein, Paprika, Knoblauch, Pfeffer, in der vor allem Fleisch tagelang eingelegt wird

baifito en adobo – in Beize eingelegtes, dann gebratenes Zicklein, wird mit *papas* und Salat gegessen, typisches Weihnachtsessen

bienmesabe – zäher, goldbrauner Nachtisch aus Honig, Mandelsplittern, Eigelb und Zitrone, der so mundet, wie er heißt: »Es schmeckt mir gut«

caldo de pescado – dünne Fischsuppe mit Kartoffeln und Kräutern

carajacas – Leber vom Kalb, Schwein oder Huhn, gestückelt und meist eingelegt in *adobo*

gambas al ajillo – Garnelen in kochendem Olivenöl mit Knoblauch, Peperoni, Petersilie

gofio escaldado – mit Maismehl angedickter Fischsud

leche asada – Nachtisch aus gekochter Milch mit Eiern, Limonenschale und Zimt. Puddingartige Konsistenz

mojo rojo – »Roter Mojo«, eine sämige bis flüssige scharfe Tunke aus roten Peperoni, Öl, Knoblauch, Essig und Salz. Isst man zu Fleischgerichten und zu *papas arrugadas* als Vorspeise

mojo verde – »Grüner Mojo«, wird hergestellt wie *mojo rojo,* aber mit grünen Peperoni und viel Petersilie. Isst man zu Fischgerichten und zu *papas arrugadas* als Vorspeise

papas arrugadas – in Salzlake gekochte, sehr stärkehaltige kanarische Kartoffeln, die immer mit ihrer schrumpeligen (spanisch: *arrugado)* Haut verzehrt werden

potaje de berros – milder Kresseeintopf mit Speck, Kartoffeln, Mais, Kürbis, Yams. Dazu gibt´s *gofio,* nach Geschmack eingerührt

potaje de cardos – Suppe aus Blättern der wilden Distel, die im Frühjahr in den Bergen geerntet werden. Leicht bitter

rancho canario – deftiger Eintopf aus Kichererbsen, Kartoffeln, Schweinefleisch, Nudeln, Zwiebeln, Safran, Knoblauch, Paprikawurst

ropa vieja – dicker Resteeintopf aus Kichererbsen, Fleisch, Gemüse, Kartoffeln. Bauernessen

sancocho canario – in Salz eingelegter und gekochter Fisch, wird mit Gemüse und *mojo* gegessen

nanen und Spiegelei – ist ein beliebtes Essen in einheimischen Lokalen. Nur renommierte Restaurants wie *Las Grutas de Artiles* in Santa Brígida erlauben es sich dagegen noch, ihren Speiseplan um Traditionsgerichte wie Kresse- und Distelsuppe und *carajacas* zu bereichern, Gerichte, die oft an die Saison der Zutaten gebunden sind und aufwändig zubereitet werden müssen. Denn auch auf den Kanaren gilt inzwischen das Gebot des schnellen Umsatzes, weshalb in den Ferienzentren lieber mit schlechter *paella* Kasse gemacht wird.

So ausgiebig das Mittagessen, so spartanisch ist das Frühstück. Morgens gilt es, die Kühle des Vormittags zum Arbeiten zu nutzen. Da ist vielen schon ein *café solo* (Espresso) oder *cortado* (mit etwas Milch) genug, der oft nicht einmal zu Hause, sondern im Stehen in einer Cafeteria hinuntergekippt wird. Beim *bocadillo,* dem mit Schinken oder Käse belegten Brötchen, das jeder Barmann zubereitet, werden kurz die letzten Neuigkeiten ausgetauscht – *ta luego,* und raus geht's.

Verirren sich Touristen abends mal in ein einheimisches Restaurant, bleiben sie auch da meist unter sich. Wenn sich bei uns zwischen 18 und 20 Uhr die Bäuche füllen, nimmt man in Spanien die *merienda* zu sich, einen Snack aus Tapas beispielsweise, der Appetit auf mehr macht. Erst zwischen 21 und 22 Uhr, wenn die Temperaturen wieder angenehm sind, kommen die Canarios im Kreise der Familie zum Abendessen zusammen.

In guten Lokalen bekommen Sie kanarische Spezialitäten mit langer Tradition. *Cherne al cilantro* (Wrackbarsch mit Koriander) oder *en escabeche* (in scharfer Tunke), *conejo en salmorejo* (Kaninchen in Lorbeerbeize) und *baifito en adobo* (Zicklein in Knoblauchsoße) sind Spitzengerichte der kanarischen Küche.

Der Küchenchef des *Las Grutas de Artiles* macht sich noch in die schmale Weinregion der Insel auf, um sich rechtzeitig zu Erntebeginn einige Fässer *Del Monte* zu sichern. Gran Canarias Wein begeisterte einmal die Königshäuser Europas und treibt noch immer manchem Kenner Tränen in die Augen, auch wenn Spaniens Festlandsweine längst die Vorherrschaft übernommen haben. Zum Wein schmeckt der *queso de flor,* der herrliche Käse aus Guía, dessen Geheimnis, die Beigabe von Artischockensaft, ihn zum besten der Kanaren macht – *buen provecho!*

Queso de flor – in Guía können Sie ihn in etlichen Läden probieren

Keramik, Käse und Calado

Hübsches, Leckeres, Ausgefallenes und Nützliches können Sie überall auf Gran Canaria entdecken

Wer Strohhüte, Anhänger, Tücher und T-Shirts mit »Gran Canaria«-Schriftzug sucht, wird in jedem Souvenirladen fündig. Diese Mitbringsel gehören zu den beliebtesten Andenken an die Sonneninsel. Auch die bunten Strelitzien, die hier gezogen werden, finden viel Interesse. Mit Pflanzensamen, z. B. denen des berühmten Drachenbaums, die es in Tüten zu kaufen gibt, wird zu Hause kanarische Flora zum Leben erweckt. Leder- und Textilwaren kommen meist aus Afrika oder Fernost und sind üblicherweise von minderer Qualität. Angebliche Markenmode auf Basaren und Märkten entpuppt sich oft als Fälschung. Die Ferienorte sind darüber hinaus voller Geschäfte, die Elektronikartikel führen. Grundsätzlich zu bedenken ist aber, dass Kameras, CD-Player oder Telefone bei Ihnen zu Hause fast immer billiger sind. Zusätzlich gibt es ein Problem bei Garantieleistungen, wenn diese nicht weltweit gelten. Billigmarken muss man beim ersten Defekt wegwerfen.

Vom Freihandelsstatus der Kanaren profitieren Käufer von Tabakwaren, Spirituosen und Parfüms. Besonders Zigaretten sind billiger.

Santiago Gil Romero in Guía verkauft queso de flor

Mit Gran Canaria hat das alles aber wenig zu tun. Kanarische *artesanía* (Handwerkskunst) ist vielfältig, aber nicht überall zu bekommen. Am einfachsten macht man es sich mit einem Besuch der *mercados.* In vielen Orten werden einmal in der Woche Marktstände aufgebaut. Dort bekommen Sie Lebensmittel, Obst und Gemüse, aber auch Keramik, Stickereien und Geflochtenes. Es ist nicht immer leicht, echte Handarbeit von Fabrikware zu unterscheiden; die wenigen Kunsthandwerker alter Tradition sind auf Wochenmärkten überdies nicht vertreten. Es sind oft schon betagte Herrschaften, die in abgelegenen Dörfern vor sich hin werkeln. Denn trotz aller Bemühungen der Inselregierung, kanarische *artesanía* zu fördern, finden sich nur wenige junge Leute bereit, die überlieferten Techniken zu erlernen. Diese werden in eigens von den Behörden eingerichteten Ausbildungsstätten von den Altmeistern selbst unterrichtet.

Das Töpferhandwerk hat eine lange Tradition. *Cerámica* ist auch heute noch in jedem Haushalt in Gebrauch. Sie wird auf den Ka-

Käse mit Schuss

Artischockensaft lautet das Geheimnis vom preisgekrönten Käse aus Guía

Santiago Gil Romeros Laden in Guía ist dekoriert mit vergilbten Fotos, Zeitungsausschnitten und Preisen, die er in vielen Wettbewerben eroberte. *Queso de flor* (»Blütenkäse«) ist seine Passion. Hinter der Theke reihen sich dicke Laibe aus Schafs- und Kuhmilch, deren Geheimnis ein Schuss Blütensaft der wilden Artischocke ist. Nach der Herstellung wird der Käse mit Olivenöl bestrichen. Frisch und weich hat er nach einem Monat seine ideale Konsistenz. Als *semicurado* (mittel) oder *curado* (hart, dann schmeckt er wie Parmesan) wird er mit einer Gofioschicht bestäubt. Santiago lädt Kunden gerne zum Probieren ein *(Mo–Sa 8–12 und 16–22 Uhr, So 11–14 Uhr, Marqués del Muni 34).*

naren ohne Töpferscheibe geformt. Aus braunem oder grauem Ton rollt der Künstler lange Würste. Diese werden Ring für Ring auf dem mit Vulkanasche bestreuten Arbeitsplatz übereinander gelegt. So kann der Töpfer den Ton drehen und baut Schalen und andere Gefäße auf, glättet Unebenheiten mit Flusskieseln, verstreicht die Fugen mit Wasser, setzt Verzierungen ab. In uralten Brennöfen trocknen die Produkte. Farben werden hinterher aufgetragen, dann aber uni, denn kanarische Keramik ist schlicht und ohne Dekors. Rustikale Gebrauchsgüter mit großem Charme entstehen so: Siebe, Krüge, Vasen, Knoblauch- und Zwiebeltöpfe, Karaffen, Schüsseln im Wagenradformat ebenso wie Puppengeschirr.

Nirgendwo können Sie die Vielfalt typischer *cerámica* besser kennen lernen als in den Geschäften der *Fedac* in Las Palmas und Playa del Inglés. Die staatliche Stiftung fördert Kunsthandwerker und verkauft deren Produkte – stets mit Gütesiegel und zu einem fairen Preis, denn die *Fedac* selbst verdient nichts am Verkauf. Besonders groß ist die Auswahl in der Hauptstadt. Dort demonstrieren auch *artesanos* ihr Geschick live, indem sie im Studio des Ladens töpfern, weben, schnitzen und sticheln.

Aber es gibt auch andere Traditionshandwerke. Kunstvolle Spitzendecken und -tücher *(encaje)* sowie Stickarbeiten *(bordado)* – vor allem als Hohlsaum *(calado)* – haben hohe Qualität. Die besten kommen aus Ingenio. Dort ist dem kleinen *Museo de Piedras y Artesanía Canaria* eine exzellente Stickereischule angeschlossen, in der Sie den Elevinnen bei der komplizierten Arbeit zusehen und Hemden, Blusen, Bettwäsche und vieles mehr erwerben können.

Einige Teppichweber arbeiten in abgelegenen Bergdörfern wie Acusa Seca, wo eine junge Frau in einer verlassenen Höhlensiedlung ihren Webstuhl aufgestellt hat. Oder in Teldes Altstadt, in der eine Weberin mit Naturfarben aus Pflanzenextrakten experimentiert, mit denen sie auch ihre Jacken und Decken einfärbt.

Einst trug ihn jeder echte Mann mit sich herum – den *cuchillo canario,* ein mit kunstvoll gedrechseltem Griff verziertes Messer. Seitdem ein BMW oder Geländewagen als Statussymbol dient, bekommt man die in Guía gefertigten Dolche jedoch kaum noch zu Gesicht. Doch für feine Holzarbeiten ist der Ort im Inselnorden immer noch bekannt. Da die früher verwendete harte kanarische Pinie nun unter Naturschutz steht, werden die Gegenstände heutzutage – vom Schmuckkästchen bis zum ausgewachsenen Wassertrog – aus den hellen Hölzern *tea* und *riga* hergestellt.

Nicht zu vergessen sind auch die überaus komplizierten Flechtarbeiten. Sie werden aus dem Blattwerk der Kanarischen Dattelpalme gemacht. Deren Wedel eignen sich für feinstes Flechtwerk, für das die grasgrünen Blätter getrocknet, gespleißt und zurechtgestutzt werden. Ein langwieriger Prozess, zumal auch die Nähte aus haardünnen Palmfäden bestehen und Verzierungen aus den weißen Fasern des Blattansatzes eingewebt werden. So entstehen, vor allem in Ingenio, Taschen, Hüte, Matten und Brotkörbe von liebenswerter Schlichtheit.

Besonders originell und von »geschmackvollem« Erinnerungswert sind Souvenirs, die Sie verzehren können. *Turrón* aus Teror, eine süße, dem Türkischen Honig ähnliche Köstlichkeit, wird dort in verschiedenfarbigen Rollen an kleinen Straßenständen verkauft. *Ron con miel,* Honigrum aus Arucas (beste Marke: *Indias*) ist ein hochprozentiges Mitbringsel für Sie selbst und andere. *Bienmesabe,* das feine kanarische Dessert, gibt es auch im Supermarkt in guter Qualität (Marke: *Tejeda),* und Feinschmecker sollten nicht versäumen, einen *queso de flor* aus Guía mitzunehmen, am besten direkt vor Ort gekauft.

In der Rumfabrik Arehucas in Arucas gibt es solche Fässer seit 1884

Feste, Events und mehr

Kanarische Feste sind bestimmt von Religion, Folklore und Fiestataumel

Das ganze Jahr über findet irgendwo auf der Insel eine Prozession statt, wird eines Heiligen gedacht, werden Bauernfeste begangen. Hintergrund sind oft religiöse Ereignisse. Das hindert die Canarios nicht daran, ausgelassen zu feiern, sich bis in den frühen Morgen zu amüsieren.

Strahlende Karnevalskönigin

Gesetzliche Feiertage

1. Jan. *Año Nuevo* (Neujahr); **6. Jan.** *Los Reyes* (Dreikönigstag); **19. März** *San José* (Josephstag); **März/April** *Viernes Santo* (Karfreitag) – während der *Semana Santa* (Karwoche) prächtige Prozessionen in vielen Orten; **1. Mai** *Día del Trabajo* (Tag der Arbeit); **30. Mai** *Día de las Islas Canarias* (Tag der Kanaren); **Mai/Juni** *Corpus Cristi* (Fronleichnam) – feierliche Prozessionen in Arucas und Las Palmas; **25. Juli** *Santiago Apóstol* (Jakobstag) – Feste in Gáldar und San Bartolomé de Tirajana; **15. Aug.** *Asunción* (Mariä Himmelfahrt); **12. Okt.** *Día de la Hispanidad* (Tag der Entdeckung Amerikas); **1. Nov.** *Todos los Santos* (Allerheiligen); **6. Dez.** *Día de la Constitución* (Tag der Verfassung); **8. Dez.** *Inmaculada Concepción* (Mariä Empfängnis); **25. Dez.** *Navidad* (Weihnachten)

Feste und Events

Februar/März

Almendros en Flor: Die Mandelblüte wird vor allem in Tejeda und Valsequillo gefeiert.

Festival de Música de Canarias: international besetztes Festival (Konzerte, Ballett) in Las Palmas. Danach beginnt dort das *Festival de Opera.*

★ *Carnaval:* wochenlanger Fiestataumel auf der ganzen Insel.

März
Rallye el Corte Inglés: beliebtes Straßenrennen von Las Palmas aus.

April
Albaricoques en Flor: Fest der Aprikosenblüte in Fataga.
Fiesta de Ansite: In Santa Lucía wird am 29. April der letzten Widerstände der Altkanarier gegen die Spanier gedacht.

24. Juni
Día de San Juan: Jahrestag der Stadtgründung von Las Palmas.

16. Juli
Nuestra Señora del Carmen: zu Ehren der Schutzheiligen der Fischer Veranstaltungen in Las Palmas, Gáldar, San Nicolás de Tolentino, Bootsprozessionen in Arguineguín und Puerto de Mogán.

4. August
★ *Bajada de la Rama:* Das »Hinabbringen des Zweiges« ist eines der buntesten Volksfeste und ein altkanarischer Brauch. Aus den Bergen hinter Agaete werden Pinienzweige zum Meer hinuntergetragen, wo man mit ihnen das Wasser peitscht, um Regen zu erbitten.

September
Insider Tipp *Romería Virgen del Pino:* wichtigste religiöse Wallfahrt des kanarischen Archipels in Teror am 7. und 8. Sept.

Insider Tipp *Fiesta del Charco:* Das »Tümpelfest« in San Nicolás de Tolentino am 10. Sept. geht auf das Jahr 1766 zurück, als der Bischof Gran Canarias bei einer Visite Männer und Frauen dabei erwischte, wie sie fast nackt in einem Dorfteich badeten. Heute baden die Teilnehmer nur noch bekleidet.

Oktober
Nuestra Señora del Rosario: volkstümliches Fest in Agüimes am 5. Okt. zu Ehren der Schutzpatronin mit Wettkämpfen im *Juego de Palo* und *Lucha Canaria.*
La Naval: in Las Palmas gedenkt man am 6. Okt. des Sieges der Spanier 1595 über die Flotte von Sir Francis Drake.

4. August: Bajada de la Rama

Zwischen Kolonialzeit und neuem Jahrtausend

Gran Canarias Hauptstadt ist geprägt von Fehlern und Erfolgen seiner fünfhundertjährigen Geschichte

Karte in der hinteren Umschlagklappe

Als der spanische Eroberer Juan Rejón am 24. Juni 1478 mit 600 Soldaten vor der *Isleta,* einer kleinen Insel an Gran Canarias Nordküste, vor Anker ging, fand er dort nur Vulkangestein und gewaltige Dünen. Also zog das Heer nach Süden. Am Barranco de Guiniguada, durch den ein kräftiger Fluss zur Küste strömte, errichtete Rejón schließlich eine Siedlung unter hohen Palmen, die ihr später ihren Namen gaben – *Ciudad Real de Las Palmas,* die erste Kolonialstadt Spaniens. *La Vegueta,* die »kleine Aue«, nannte Rejón sie anfangs. Und auch nach über 500 Jahren spürt man in der Vegueta, die noch heute Las Palmas' **[115 D–E 1–3]** Altstadt ist, den Charme der Gründerjahre, vor allem am Wochenende, wenn der Straßenverkehr versiegt. Dann hallt jeder Schritt auf dem Kopfsteinpflaster rund um die Kathedrale nach, auf der stillen *Plaza del Pilar Nuevo* und der

Gabinete Literario (links): Hort der Kultur seit 1844

Mußestunde in Las Palmas

großzügigen *Calle de los Balcones,* auf der schon die kastilischen Herren an gediegenen Kolonialbauten vorbeiritten. Der Puls der Vegueta schlägt langsam. Viele alte Leute bewohnen die grauen, schlichten Häuser. Alles ist eng, es gibt wenig Platz für Geschäfte oder für Kinder zum Spielen. Nur zur Messe in der Kathedrale füllt sich die weite *Plaza de Santa Ana* mit Menschen, die ansonsten den Tauben der Stadt zu gehören scheint.

Welch ein Unterschied, wenn man über die breite Schnellstraße – genau dort floss übrigens einmal der Fluss – nach *Triana* wechselt! Das Handelsviertel der Stadt wurde zwar auch schon von den Spaniern gegründet, verkörperte jedoch stets eine andere Welt. Hier ließen sich die Ausländer nieder – Holländer, Portugiesen, Engländer –, die während des Zuckerrohrbooms nach Gran Canaria gekommen waren. Es wurde Geld verdient und angelegt, Wandel und Wachstum waren rasant. Fast alle Kolonialbauten der Triana wichen Ende des 19. Jhs. mit dem Einzug der Engländer dem mondänen Flair des Jugendstils. Einiges davon ist noch zu sehen, beispielsweise die prächtigen Fassaden an der *Calle Mayor de Triana.* Auch das agile Treiben ist geblieben. Triana heißt für Canarios einkaufen gehen und bummeln in den sich ständig ausweitenden Fußgängerzonen, die mit kleinen Gassen und Plätzen am liebenswürdigsten das Leben in Las Palmas repräsentiert.

Der *Puerto de la Luz,* »Hafen des Lichts«, 6 km nördlich gelegen, gehörte früher nicht zu Las Palmas. Hier machten die Handelsschiffe Station auf ihren Fahrten zwischen Europa und Amerika. Der Hafen brachte der Stadt Wohlstand, wohnen aber wollte man dort nicht. Das Bürgertum schuf sich seine eigene grüne »Gartenstadt«: *Ciudad Jardín.* Sie ist noch immer Las Palmas' Nobelviertel, eine blühende Oase mit weißen Villen und dem schicken Santa-Catalina-Hotel.

Das ausgehende 20. Jh. brachte einen rücksichtslosen Bauboom. Schon von weitem zu erkennen sind die riesigen Hochhaussiedlungen. Trabantenstädte reichen bis in die Berge hinein, um den vielen Menschen, die hier ihr Glück suchen, Platz zu geben. 450 000 Einwohner hat Las Palmas – damit ist sie die mit Abstand größte Stadt der Kanaren. Dass es so nicht weitergehen kann, wurde aber mittlerweile erkannt. Deshalb wurde die Runderneuerung da begonnen, wo sie den schnellsten Erfolg versprach: am Strand *Las Canteras,* an dessen kilometerlanger Promenade sich Cafés und Kneipen aneinander reihen. Und beim *Parque Santa Catalina* mit seinen Fußgängerzonen. Ruhebereiche wurden geschaffen, der Verkehr verbannt. Ein Facelifting der kleinen Schritte, das Erfolge zeigt. Am besten lassen Sie Ihr Auto in einem der ausgeschilderten Parkhäuser. Die Stadt wimmelt nur so von Polizisten, die Knöllchen verteilen und abschleppen lassen.

SEHENSWERTES

Für 8 Euro kann man in allen Stadtbussen, vor allem aber im offenen Touristenbus *guagua turística,* einen Tag lang zwischen den Sehenswürdigkeiten hin und her fahren und ein- und aussteigen, wann man will. Erklärungen während der Fahrt auch auf Deutsch (Info im Touristenbüro und unter *www.guaguas.com).*

Castillo de la Luz

Die kleine Festung wurde 1493 zum Schutz der Isleta und deren Hafenanlagen von den Spaniern erbaut. Sie spielte 1595 eine wichtige Rolle in der Verteidigung von Las Palmas gegen den Angriff der englischen Flotte unter Sir Francis Drake. *Besichtigung nur von außen*

Catedral de Santa Ana

Der Bau der fünfschiffigen Hauptkirche von Las Palmas begann 1497 und wurde 1570 wegen Geldmangels unterbrochen. Erst Anfang des

19. Jhs. konnte der Bau vollendet werden. Dies spiegelt sich in der Architektur des Gotteshauses wider. Das Rippengewölbe ist gotisch, die Fassade dagegen neoklassizistisch. Innen stehen ein barocker Hochaltar und verschiedene Werke kanarischer Künstler. *Besichtigung außerhalb der Gottesdienste nur über das Museo Diocesano de Arte Sacro. Turmbesichtigung: Mo–Fr 9.15–18, Sa bis 15.30 Uhr, Eintritt: 1,50 Euro*

Ermita de San Antonio Abad
Die Ermita, älteste Kirche in Las Palmas, ist der Nachfolgebau der Kapelle, in der Christoph Kolumbus 1492 betete, bevor er seine Reise in die Neue Welt antrat. *Plaza de San Antonio Abad*

Insider Tipp **Gabinete Literario**
Als erstes Theater in Las Palmas eröffnete es 1844 seine Tore und glänzt seit Ende des 19. Jhs. in neoklassizistischem Gewand. Heute finden in den Prunksälen Lesungen und Ausstellungen statt. Im Seitenflügel liegt ein gemütliches Restaurant; auf der Terrasse sitzt man mit Blick auf die Plaza. *Di–So 13 bis 16.30 und 20–23 Uhr, Plaza de Cairasco,* €€–€€€

Parque Doramas
Eine Skulptur erinnert in dem mit viel Aufwand aufgefrischten kleinen Park an den altkanarischen König Doramas, der gegen die spanischen Eroberer kämpfte und unterlag. Auch der legendäre kollektive Selbstmord der letzten Überlebenden – der Felsensturz von der Fortaleza de Ansite bei Santa Lucía – wird angedeutet.

Parque Santa Catalina
Las Palmas' größter Platz ist ein weites, größtenteils gepflastertes

MARCO POLO Highlights »Las Palmas«

★ **Museo Canario**
Hier erfahren Sie alles über die spannende Geschichte der Insel (Seite 33)

★ **Santa Catalina**
Hier logiert auch der König. Rustikaler Kolonialcharme im ältesten Hotel Gran Canarias (Seite 35)

★ **Mercado**
Auf dem wuseligen Stadtmarkt gibt es die leckersten Sachen zu kaufen (Seite 34)

★ **Montesdeoca**
Traumhaftes Ambiente und ausgezeichnetes Essen in Las Palmas' bestem Restaurant (Seite 34)

★ **Playa de las Canteras**
Viel Leben und Trubel am 3 km langen Strand (Seite 36)

★ **Casa de Colón**
Prächtiges Kolonialbauwerk mit zwei romantischen Patios (Seite 33)

Areal, auf dem Großveranstaltungen wie der Karneval ablaufen. Tagsüber spielt sich das Geschehen unter den Palmen vor der angrenzenden Häuserfassade ab. Von Straßencafés aus kann man das Treiben der Canarios beobachten. Typisch sind die Schuhputzer, die ihre Dienste anbieten, ein Traditionsgewerbe auf Gran Canaria. Am Südende des Platzes zeigt eine Bodenskulptur aus Kacheln die Fahnen aller Länder dieser Erde.

Parque San Telmo

Hier kommen (unterirdisch) alle Busse an bzw. fahren von hier aus ab. Am Ausgang befindet sich ein hilfreicher Schaukasten mit Stadtplan und Beschreibung der wichtigsten Sehenswürdigkeiten. Es gibt einen Kinderspielplatz und Ruhezonen. Attraktion ist der kleine gekachelte Jugendstilpavillon, der Quiosco *(unregelmäßige Öffnungszeiten)*. Er ist ein zierliches Juwel. Im Inneren wurde ein Café mit Holztäfelung eingerichtet.

Insider Tipp

CAAM: moderne Kunst in einem überraschenden Ambiente

Plaza de Santa Ana

Sie ist der Hauptplatz der Vegueta, der Altstadt von Las Palmas. Kirche und Krone umbauten ihn zur Zeit der spanischen *conquista* mit ihren Verwaltungsgebäuden. Die *Catedral de Santa Ana* und die *Casa Consistorial* liegen sich gegenüber. Vor dem Rathaus aus dem 19. Jh. steht eine Skulptur, die Benito Pérez Galdós, den berühmtesten kanarischen Schriftsteller, zeigt. Die acht etwa hundert Jahre alten Bronzehunde gegenüber der Kathedrale scheinen sie zu bewachen. An Fronleichnam wird die Plaza wunderschön mit Blumen ausgelegt.

Pueblo Canario

In der Absicht, den Urlaubern in Las Palmas ein kanarisches Dorf vorzustellen, wurde allzu stark idealisiert. Der gedrängte Komplex aus Kapelle, Kunsthandwerkladen, Cafeteria und anderen Gebäuden – mit dem Bau begann man 1939 – besticht durch fein geschnitzte Erker und Fensterläden und dekorative Portale. *So 11.30 Uhr Folklorevorführung, am Parque Doramas*

MUSEEN

CAAM

Das *Centro Atlántico de Arte Moderno* stellt auf fünf Ebenen moderne Kunst (Skulpturen, Bilder, Objekte) in unerwartet sachlichem, ja kühlem Ambiente aus. Es verbirgt sich hinter der antiken Häuserfront in der am besten erhaltenen Straße der Vegueta, der *Calle de los Balcones,* hinter der Kathedrale Santa Ana. Außerdem wechselnde Ausstellungen und Vorträge. *Di–Sa 10–21 Uhr, So 10–14 Uhr, Eintritt frei, Calle de los Balcones 9–11, www.caam.net*

Casa de Colón

★ Das »Kolumbushaus« ist ein prächtiger Kolonialbau, dessen älteste Bauelemente aus dem 17. Jh. stammen. Hier residierten einst die spanischen Statthalter. Typisch kanarisch sind die herrlichen, überdachten Holzbalkone und Erker aus Kanarischer Kiefer. Besonders markant auch die *celosía*-Fensterläden, die Klimaanlagen des Mittelalters. Das komplizierte Gitterwerk aus feinen Holzstreben lässt Luft durch, aber weder Sonne noch Hitze. Das Museum zeigt Zeugnisse der spanischen *conquista,* Exponate aus präkolumbischer Zeit, von den Reisen des Kolumbus, Landkarten und vieles mehr. Zwei schöne Patios mit Arkadengängen sind ideal für eine kurze Rast. *Mo–Fr 9–19 Uhr, Sa–So 9–15 Uhr, Eintritt frei, Calle Colón 1*

Casa Museo Pérez Galdós

In einem der letzten noch erhaltenen Häuser aus dem 18. Jh. im Stadtviertel Triana werden Möbel und Schriften des kanarischen Schriftstellers Benito Pérez Galdós ausgestellt, der hier 1843 zur Welt kam und aufwuchs. Hübscher Patio. *Mo–Fr 9–19 Uhr, Sa 10–17 Uhr, So 10–14 Uhr, Eintritt frei, Calle Cano 6*

Museo Canario

★ Das Museum für kanarische Geschichte enthält die größte Sammlung altkanarischer Funde des Archipels. Darunter ist das *Idol von Tara,* eine weibliche bauchige Tonfigur, die wohl Fruchtbarkeit symbolisieren soll. Auch eine Nachbildung der *Cueva pintada* aus Gáldar wird gezeigt, dazu Szenen aus dem Alltagsleben. Außerdem zu sehen: Totenköpfe, Skelette und mehrere gut erhaltene Mumien. *Mo–Fr 10–20 Uhr, Sa und So 10–14 Uhr, Eintritt 3 Euro, Calle Doctor Verneau 2, www.elmuseocanario.com*

Museo Diocesano de Arte Sacro

Das Kirchenmuseum mit sakralen Gegenständen sowie einer kleinen Gemäldegalerie ist der Kathedrale Santa Ana angegliedert. Es hat auch über den Innenhof einen direkten Zugang zu ihr. *Mo–Fr 10–16.30 Uhr, Sa 10–13.30 Uhr, Eintritt 3 Euro, Calle Espíritu Santo 20*

Museo Elder Insider Tipp

Das Wissenschafts- und Technologiemuseum ist in der ehemaligen Halle für Schiffsgüter untergebracht. Auf drei Stockwerken geht es spannend und zum Teil auch interaktiv um Raumfahrt, Mathematik und Physik, die Entwicklung des Menschen, kanarische Vegetation sowie alte und alternative Technologien. *Di–So 10–20 Uhr, Eintritt 3 Euro, Plaza Santa Catalina, www.museoelder.org*

Museo Néstor

Das kleine Museum, 1956 eröffnet, ist eine Oase der Ruhe und Kunst innerhalb des viel besuchten Pueblo Canario. Präsentiert werden Arbeiten des kanarischen Malers Néstor Martín Fernando de la Torre (1887–1938) und Möbel aus seinem Besitz. *Di–Sa 10–20 Uhr, So 10.30–14.30 Uhr, Eintritt 2 Euro, Pueblo Canario, Parque Doramas*

ESSEN & TRINKEN

Anthuriun
Das kleine, unscheinbare, in der Nähe des Corte Inglés gelegene Restaurant ist das von Gourmets mit Abstand höchstdekorierte der Insel. Die katalanische Küche ist leicht und kreativ, der Service liebenswürdig. *So geschl., Calle Pi y Margall 10, Tel. 928 24 49 08,* €€€

Insider Tipp **El Herreño**
Das Veguetalokal beim Mercado ist wegen seiner großen Auswahl guter Tapas, der herzhaften, einfachen Gerichte und günstigen Preise bei Einheimischen sehr beliebt und rund um die Uhr gut besucht. *Tgl. geöffnet, Calle Mendizábal 5, Tel. 928 31 05 13,* €–€€

Hipócrates
Gegenüber der Casa de Colón serviert das einfache, winzige Lokal vegetarische Weltküche von Asien bis Afrika aus biologischem Anbau. *Tgl. geöffnet, Calle Colón 4, Tel. 928 08 79 60,* €€

Montesdeoca
★ Das Edelrestaurant mit herrlichem Patio für romantische Diners liegt in einem antiken Stadtpalais und ist wegen seines Ambientes und der exzellenten Küche wohl die Nummer eins in Las Palmas. *So geschl., Calle Montesdeoca 10, Tel. 928 33 34 66,* €€€

Pastelería La Granja II
Die beliebte Konditorei am südlichen Ende der Calle Mayor de Triana ist die Topadresse für Süßes. Große Auswahl. *Merengue* und *milhojas* probieren! Man sitzt gemütlich an kleinen Tischen oder kauft zum Mitnehmen am Tresen direkt an der Fußgängerzone. *Tgl. geöffnet*

EINKAUFEN

El Corte Inglés
Las Palmas' Traditionskaufhaus mit zwei Gebäuden bietet auch eine beachtliche Auswahl an CDs und Büchern. *Mo–Sa 10–20 Uhr, Avda. Mesa y López*

Fedac Insider Tipp
Beste kanarische Handwerkskunst in einer Seitenstraße der Triana. Großes Sortiment. *Mo–Fr 9.30 bis 13.30 und 16.30–20 Uhr, Calle Domingo J. Navarro 7*

La Librería Insider Tipp
Die kleine Buchhandlung widmet sich ganz dem Thema Gran Canaria. Es gibt z. B. gute Wanderführer auf Deutsch, Karten und Hintergrundliteratur in mehreren Sprachen. *Mo–Fr 10–13.30 und 16–19 Uhr, Sa 10–13.30 Uhr, Calle Cano/Ecke Matula*

Mercado
★ Der Altstadtmarkt ist das Herz der Vegueta. Dicht an dicht stehen die Stände in der weitläufigen Halle. Besucher drängen und schieben. Es gibt Obst, Gemüse, Fleisch, Fisch, Käse und Wurst in großer Auswahl. Nirgendwo sind die Waren so frisch wie hier. *Mo–Sa 6 bis 14 Uhr, Calle Mendizábal*

Fußgängerzone Triana

Mercado del Puerto
In der alten Markthalle am Hafen geht es ruhiger zu. Hier können Sie auch Blumen und Trödel erstehen. *Tgl. 8–14 Uhr, Ecke Calle Tenerife/Calle Albareda*

Triana
Die Fußgängerzone im Herzen des gleichnamigen Stadtviertels lädt mit Dutzenden Geschäften zum abwechslungsreichen Shopping ein.

ÜBERNACHTEN

Brisamar Canteras
Das Apartmenthaus mit 40 sauberen Studios liegt direkt am Strand. *Paseo de las Canteras 49, Tel. 928 26 94 00, Fax 928 26 94 04, www.brisamarcanteras.com,* €

Madrid
Die Lage an der palmenbeschatteten Plaza de Cairasco nahe der Vegueta wiegt den einfachen Standard dieses schon etwas verwohnten 25-Zimmer-Hotels auf. *Plaza de Cairasco 4, Tel. 928 36 06 64, Fax 928 38 21 76,* €

Reina Isabel
Las Palmas' bestes Strandhotel an der Playa de las Canteras. Terrassenbauweise. Komfortable, moderne Ausstattung. Auf der Dachterrasse großer Pool. *400 Zi., Calle Alfredo L. Jones 40, Tel. 928 26 01 00, Fax 928 27 20 47, www.bullhotels.com,* €€€

Santa Catalina
★ Gran Canarias Spitzenhotel ist auch das älteste der Insel. Es wurde vor 110 Jahren im Kolonialstil mit antiken Holzbalkonen, edler Bar und einem herrlichen Terrassencafé erbaut. Hier logiert regelmäßig der spanische König. Nach der Renovierung sind die 222 Zimmer zeitgemäß ausgestattet, sie haben aber nichts von ihrem rustikalen Charme verloren. Das Hotel hat mittlerweile auch ein ausgezeichnetes Spa. *Calle León y Castillo 227, Tel. 928 24 30 40, Fax 928 24 27 64, www.hotelsantacatalina.com,* €€€

AM ABEND

Die drei *Multicines Royal (León y Castillo 40), Ballena (CC La Ballena, GC 110)* und *Las Arenas (GC 2)* sind Großkinos, in denen die neuesten Filme laufen. In Letzterem hat sich mit Blick aufs Meer eine neue Disko-, Pub- und Showszene etabliert, ein Gegenpol zum klassischen Nightlife der Innenstadt. In der *Vegueta* ist nach 18 Uhr nichts mehr los. Gegenüber, in der *Triana,* haben Cafés und Cafeterias bis 21 Uhr ihre Tische in der Fußgängerzone; Flaneure sind unterwegs. Gleich zu Beginn liegt linker Hand der *Boulevard Monopol.* Die alte Halle füllen Kinos, Schnellrestaurants und Kneipen. Dahinter reihen sich die Cafés bis zur *Plaza de Cairasco.*

Nach Mitternacht verlagert sich das Leben nach *Santa Catalina* und in die Strandzone. Das Bermudadreieck mit Diskos, Pubs, Imbissläden und Spielhallen liegt zwischen dem *Parque Santa Catalina,* den Straßen *Calle Luís Morote* und *Calle Nicolás Estévanez* und *Las Canteras;* eine billige Szene mit dem Charme des Verfalls. Angesagter Treff ist die kleine *Plazoleta de Farray* mit vielen Pubs zum Draußensitzen unter Palmen. Gegenüber drehen sich junge Paare in der Salsadisko *Pequeña Habana (Fr–So 22 bis 4 Uhr, Calle de Fernando Guanarteme 45)* bis morgens zu klassischen Latinorhythmen.

Die *Playa de las Canteras* ist spätabends rappelvoll. Auch um 2 Uhr haben noch Strandcafés geöffnet. Leute flanieren auf der 3 km langen Promenade. Angesagt sind *cervecerías,* Pubs, in denen nicht nur Bier ausgeschenkt wird.

Gut sind das *Sydney (Di bis So 20–4 Uhr, Ecke Mariana Pinera/Franchy y Roca)* und das *La Jarra (Di–So 20–3 Uhr, Dr. Gráu Bassas 37).* Diskogängern sei der *Palacio Latino (Fr–So 23–6 Uhr, Calle Luís Morote 51)* mit Mixed-Pop und wechselnden Shows empfohlen. Am Südende der *Plaza Santa Catalina* liegt beim Museo Elder die Bar *La Estación.* Neben der langen Theke der »Station« steht *La Pepa,* eine Lokomotive, die vor 100 Jahren Las Palmas mit dem damals außerhalb liegenden Hafen verband. Freitags und samstags Diskothek *(Di–Do 11–0.30 Uhr, Fr und Sa 11–5 Uhr).* Das neu eröffnete *La Ola (Fr–So ab 22 Uhr)* gleich nebenan kommt mit maritimer Deko und großen Open-Air-Bars gut in heißen Sommernächten.

Im *Casino,* in einem Seitentrakt des Hotels *Santa Catalina,* wird Roulette, Black Jack und an Slotmachines gespielt. Es gibt eine Bar, ein kleines Restaurant und Sitzecken *(So–Do 20–4 Uhr, Fr und Sa 20–5 Uhr, Eintritt 3 Euro, Ausweis muss vorgelegt werden, Calle León y Castillo 227).*

Wer nicht in Las Palmas wohnt, sollte nur freitags oder samstags hierher kommen. Sonst ist für Pistengänger zu wenig los.

STRAND

Schon vor 100 Jahren flanierten Badegäste an der ★ *Playa de las Canteras* über den feinen, weißen Sand der weiten Bucht von Las Palmas. Hier herrscht das urbane Flair aller großen Stadtstrände dieser Welt. Exakt 3200 m pudriger Sand säumen unterhalb einer breiten Promenade mehrere kleine Buchten, die schließlich in einem breiten Bogen auslaufen. Ein Riff schützt die Bucht vor der starken Brandung. Nur am südlichen Ende sind die Wellen so hoch, dass sie zum Surfen reichen. Las Canteras wird oft mit Rio de Janeiros Stränden

Playa de las Canteras: feinsandig und vor der Brandung geschützt

verglichen und hat auch deren Betriebsamkeit. Das garantieren schon die vielen Cafés, Restaurants, Shops und Imbissbuden, die sich eng aneinander reihen. Es gibt öffentliche Duschen und Toiletten.

AUSKUNFT

Patronato de Turismo
Das Touristenbüro liegt in einer der Hauptverkehrsstraßen nahe dem Parque de San Telmo. *Mo–Fr 8–15 Uhr, Calle León y Castillo 17, Tel. 928 21 96 00, www.grancanaria.com*

ZIEL IN DER UMGEBUNG

Jardín Canario [115 D3–4]
Unterhalb von Tafira Alta, am Hang und im Tal des Barranco de Guiniguada, liegt der »Kanarische Garten«. Offiziell heißt er Jardín Botánico Canario Viera y Clavijo und trägt damit den Namen des großen kanarischen Historikers José de Viera y Clavijo aus dem 18. Jh. Der Park ist eine Oase der Ruhe und Abgeschiedenheit. Hier werden vor allem endemische Pflanzen kultiviert wie Drago, Laurisilva, Palmera canaria, Tabaiba, Tajinaste oder Retama. Beeindruckend ist auch der Kakteengarten mit baumdicken Exemplaren. Viele Pflanzen sind mit ihren botanischen Namen ausgeschildert. Es gibt kleine Teiche mit verschiedenen Vögeln. Am Wochenende kommen Familien mit ihren Kindern hierher. Am oberen Eingang liegt das Restaurant Jardín Canario (Insider Tipp) *(tgl. 11–16 und 20–23 Uhr, Plan de Loreto, Tel. 928 43 09 39, €€)* mit exzellenter kanarischer Küche und einmalig schönem Blick ins Tal. *Tgl. 10–18 Uhr, Eintritt frei, Eingang GC 110, zwischen Las Palmas und Tafira Alta, bei km 7 rechts (Treppen steigen); zweiter, bequemerer Eingang an der GC 310 zwischen Tamaraceite und Tafira Alta. Beide sind beschildert. 7 km*

Wilde Schluchten, schroffe Höhen

In der zerklüfteten Bergwelt muss sich der Mensch der Natur unterordnen

Kühle Winde streichen sanft durch hellgrüne, luftige Pinienwälder; Feigen- und Mispelhaine spenden Schatten; Aprikosen und anderes Obst gedeiht auf kleinen Feldern; Schnee legt sich dünn über die Höhen – dass hier von Gran Canaria die Rede ist, man mag es kaum glauben. Oft wird vergessen, dass sich die *Cumbre* (Berggipfel), wie die Bergwelt der Insel schlicht heißt, fast 2000 m hoch in den Sonnenhimmel reckt. Auf dem *Pico de las Nieves,* dem mit 1949 m höchsten Gipfel Gran Canarias, herrschen im Schnitt 10 bis 20 Grad niedrigere Temperaturen als an der Küste. Auch wenn dies wegen der globalen Klimaveränderung kaum noch vorkommt – alte Leute erzählen noch von Wintern, in denen sie aus Einsiedelhöfen in großer Höhe morgens nicht aus der Tür kamen, weil nachts so viel Schnee gefallen war. Während sich in den Koffern der Urlauber T-Shirts und Shorts stapeln, legen Bergbewohner zwischen Dezember und Februar stets Wollmütze und dicke Jacke bereit. Es ist eine raue Welt, die sich hier auftut. Unwirtlich wirkt die Cumbre dort, wo sie kahl ist, zackig und drohend. Und wenn dunkle, schnell ziehende Wolken den Felsen und Graten ein wildes Gesicht geben, versteht man, dass all dies dem Dichter Miguel de Unamuno wie eine »Tempestad petrificada« vorkam, ein »versteinerter Sturm«.

Terrassenkultur an der Straße zwischen Cruz de Tejeda und Vega de San Mateo

Das über 1000 m hoch gelegene Tejeda ist besonders malerisch

Abseits der Touristenströme geht es im Landesinneren noch sehr traditionell zu. Der Anbau von Gemüse, Obst und etwas Getreide ernährt vor allem auf der Nordseite der Cumbre, wo es wegen des Passats mehr regnet als im Süden, noch viele Menschen. Kunstvoll haben sie seit Jahrhunderten Terrassenfelder in die Steilhänge gebaut, auf denen vor allem die leckeren kleinen Kartoffeln gut gedeihen.

Das Dorfleben spielt sich zwischen Acker, Bar und Familie ab,

Die Terrasse des Restaurants Mesón la Silla bietet einen grandiosen Blick

die Leute sind schweigsamer als an der Küste. Sicher prägt auch hier das Land den Menschen; und das Faszinierendste im Landesinnern ist die Stille.

ARTENARA

[113 E4] ★ Die Altkanarier wussten schon, was sie taten: »Alte, Edle und Könige wohnen in Höhlen, um im Winter die in den Poren der Erde zurückgezogene Wärme zu genießen und sich im Sommer an der Frische zu erquicken, die sich dorthin vor den heißen Strahlen der Sonne flüchtet«, stellte schon 1590 der italienische Architekt Leonardo Torriani fest, als er die Wohnungen der Insulaner besichtigte. In Artenara leben die etwa 1500 Einwohner noch heute größtenteils in dieser Weise. 30 Jahre alt sind die jüngsten, einige hundert Jahre alt die ältesten Höhlenwohnungen.

Das Mikroklima einer Höhle ist einzigartig: im Sommer kühl, im Winter warm. Das ist in Artenara besonders praktisch, denn mit 1270 m über dem Meer ist es der höchst gelegene Ort Gran Canarias. Da kann es im Winter mächtig kalt werden. Am besten studieren Sie die Architektur von der Straße nach Tejeda aus. Dort finden sich auch einige Höhlenställe für Ziegen. Es führen Fußwege in Form von Serpentinen die Wand hinauf, und Sie können direkt bis zur Höhlenkapelle laufen. Ein einmaliger Blick zurück ins breite *Barranco de Tejeda* mit dem *Roque Bentaiga* und dem *Roque Nublo* dahinter ist Ihnen sicher.

Das Zentrum Artenaras liegt bei der Kirche auf der Bergkuppe. Hier ist relativ viel Raum, daher wurden Straßen und Plätze großzügig gestaltet. Artenara hat bis heute kaum hässliche Neubauten.

SEHENSWERTES

Iglesia San Matías
Die Kolonialkirche steht mitten in der neu eingerichteten Fußgängerzone. Ungewöhnlich für Gran Canaria ist das große Tonnengewölbe

des Mittelschiffs mit seinen feinen Holzkassetten aus kanarischer Kiefer. *Tgl. geöffnet*

Insider Tipp

Virgen de la Cuevita
Die Höhlenkapelle – ein ca. 80 m^2 großer Raum, der in einen vertikalen Abbruch gemeißelt wurde – ist der Schutzpatronin der Volksmusikanten und Radfahrer gewidmet. Aus dem Fels wurden bankartige Nischen geschabt, ein erhöht liegender Erker war den Honoratioren des Dorfes vorbehalten. Auch der originelle Beichtstuhl, der Altar und die Kanzel wurden aus dem Tuffstein gearbeitet. *Zu Fuß oder mit dem Auto von der Plaza über das steil bergauf führende Gässchen erreichbar. Die Kapelle ist stets offen. Nach dem Besuch bitte das Gitter schließen!*

ESSEN & TRINKEN

La Esquina
Sehr schöne Lage im Ortszentrum. Auf der Terrasse mit Fernsicht ins Tal wird solide kanarische Kost serviert. Gelegentlich ist das Lokal durch Touristengruppen überlaufen. *So geschl., beim Mirador, Tel. 928 66 63 81,* €€

Mesón la Silla
Das in einer hellen Höhle gelegene Restaurant ist einzigartig. Man erreicht es durch einen 20 m langen Tunnel. Dahinter öffnet sich ein spektakulärer Blick ins Barranco de Tejeda. Die Terrasse des Restaurants ist an den Fels geschmiegt. *Mo geschl., Zufahrt von der Durchgangsstraße GC 21 im Ort neben dem Infoschild rechts hinauf, Tel. 928 66 61 08,* €€

ÜBERNACHTEN

Artenara ist eines der Zentren des *turismo rural*, des ländlichen Tourismus abseits der Urlauberströme. Im oder nahe dem Ort liegen mehrere Ferienapartments in meist komplett ausgestatteten Häusern oder Fincas.

MARCO POLO Highlights »Das Landesinnere«

★ **Roque Nublo**
Herrliche Aussichten auf einer Wanderung zum Wolkenfels (Seite 49)

★ **Artenara**
Höhlenort in Schwindel erregender Höhe (Seite 40)

★ **Pico de las Nieves**
Großartige Fernsicht vom höchsten Inselberg (Seite 43)

★ **Pinar de Tamadaba**
Sanft streicht der Passat durch den größten Nadelwald der Insel (Seite 42)

★ **Tejeda**
Das bezaubernde Bergdorf und der massige Felsen Roque Bentaiga liegen einander gegenüber (Seite 47)

El Caidero
Helles, großes Höhlenhaus am Ortsrand. Eigene Hühner liefern täglich frische Eier. *Reservierung Retur (S. 46), €€*

Insider Tipp **La Cuevita**
Vollständig renovierte Höhlenwohnung am Südhang über dem Dorf. Von der Terrasse aus grandiose Fernsicht in die Cumbre. *2 Zi., Reservierung Retur (S. 46), €*

ZIELE IN DER UMGEBUNG

Caldera Pinos de Gáldar [113 E4]
Von Artenara führt die GC110 nach Valleseco. Auf halbem Weg (7 km) in die grüneren Regionen des Nordens taucht links der weite Krater (spanisch: *caldera*) des erloschenen Vulkans auf. Die mit *picón,* den kleinen Lavasteinchen, und Asche bedeckten Hänge fallen steil und ebenmäßig zum Boden des Kessels ab und sind nur zum Teil niedrig bewachsen. Daneben sind Abbrüche und Erosionen festen Magmagesteins zu sehen. Auf der weiteren Fahrt wird der Wald dichter. Moose und Farne besiedeln die Felsen; Laubwälder werfen im Winter ihre Blätter ab. Im *Barranco de las Lagunetas,* beim Anstieg nach Cruz de Tejeda, liegen an den Hängen die am besten kultivierten Terrassenfelder Gran Canarias. *12 km*

Pinar de Tamadaba [113 D3–4]
★ Die größte bewaldete Fläche Gran Canarias besteht fast ausschließlich aus *pino canariensis,* der Kanarischen Pinie. Der hohe Baum hat sich im Laufe von Jahrmillionen perfekt an die vulkanaktive Umgebung angepasst. Die dicke Rinde schützte den Stamm wie ein

Wanderer finden auf Gran Canaria wunderbare Wege

feuerfester Mantel gegen die Hitze der Ascheregen und tut es noch heute gegen Waldbrände. Selbst von außen völlig verkohlte Bäume überleben so und schlagen neu aus. Die dünnen, hellgrünen und überaus langen Nadeln ziehen aus den vorüberziehenden Passatwolken Feuchtigkeit, die dann zu Boden tropft. Auffällig die langen Flechten, die am Nordhang des Pinienwaldes – dort, wo der Passat am stärksten ist – wie Bärte alter Männer von den Zweigen hängen. Sie ernähren sich ausschließlich aus den Wolken. Bei guter Sicht lohnt es sich, während der Rundfahrt auf der Westseite anzuhalten und bis zum Steilhang zu gehen. Man hat dann einen phantastischen Blick hinüber auf Teneriffa und den Teide. Natürlich lässt sich der Ausflug auch mit dem Rad oder zu Fuß machen. Es gibt mehrere Picknickplätze. *10 km*

CRUZ DE TEJEDA

[113 E5] Eigentlich ist das »Kreuz von Tejeda« gar kein Ort, sondern nur die in 1490 m Höhe gelegene wichtigste Kreuzung in der Cumbre. Von hier aus laufen die Straßen sternförmig in alle Richtungen der Insel. Ein Ausflug hierher ist bei Urlaubern aber sehr beliebt. Deshalb gibt es für die abgelegene Gegend überraschend viele Restaurants, Andenkenläden, ein schnuckeliges Berghotel – und auf wenigen Hundert Metern viel Rummel.

Alte Bauern der Gegend haben sich einen kleinen Nebenerwerb ausgedacht. Sie kommen morgens mit ihren bunt aufgezäumten Eseln und lassen Urlauberkinder auf den gutmütigen Tieren reiten. Bescheiden wird dafür nur eine *propina* erbeten, ein »Trinkgeld«.

ESSEN & TRINKEN ÜBERNACHTEN

El Refugio

Ein echtes Kleinod individuellen Wohnens ist der hübsche, im Alpenstil erbaute Berggasthof. Das »Refugium« besitzt neben 10 Zimmern, von denen jedes individuell eingerichtet ist, einen eigenen kleinen Garten und einen Minipool. In familiärer Atmosphäre bedient man sich tagsüber selbst mit Keksen, Tee oder Kaffee. Der liebenswürdige Service vermittelt: Hier wird jeder Gast wie ein Freund angesehen. Zum Hotel gehört ein gutes Lokal mit deftiger Landkost *(tgl. geöffnet, €€)*, das auch von Ausflüglern besucht wird. *Tel. 928 66 65 13, Fax 928 66 65 20, €–€€*

ZIEL IN DER UMGEBUNG

Pico de las Nieves **[113 F6]**

★ Mit 1949 m überm Meer ist die »Schneespitze« Gran Canarias höchster Berg. Tatsächlich schneit es hier alle paar Jahre im Winter. Einzigartig ist die Fernsicht von der Straße über weite Teile der Insel. An klaren Tagen scheint Teneriffas Teide zum Greifen nah; mit dem Fernglas erkennt man von einem anderen Punkt aus sogar Gomera. Auf der gegenüberliegenden Seite der Bergkuppe, dem *Pozo de las Nieves* (bei den Antennen), erspähen Sie den Südzipfel Fuerteventuras. Die Canarios nennen den höchsten Punkt der Insel lässig *Los Pechos* – »die Brüste«. Wer die beiden weißen Kuppeln der militärischen Horchanlage von weitem leuchten sieht, weiß, warum. *8 km*

SAN BARTOLOMÉ DE TIRAJANA

[118 B2] Unter dem Namen *Tunte* gab es den unscheinbaren Ort schon zu Zeiten der Altkanarier. Das wenig einnehmende Ortsbild des von etwa 4000 Menschen bewohnten Dorfes wird von der hübschen Kirche dominiert. Sie ist aus dem 18. Jh. und Santiago, dem Nationalheiligen Spaniens, gewidmet. Auffällig sind die schön geschnitzten Holzdecken des dreischiffigen Gotteshauses im Mudéjarstil. Bemerkenswert auch die vielen alten intakten Haustüren aus dem Holz der Kanarischen Pinie.

San Bartolomé ist eine Meisterin der Tarnung. Nichts deutet darauf hin, dass hier große Politik gemacht wird. Doch das Nest in den Bergen ist Verwaltungssitz für den gesamten Inselsüden – von Bahía Feliz bis Pasito Blanco. Hier wird entschieden, ob in Las Meloneras 20 000

Die MARCO POLO Bitte

Marco Polo war der erste Weltreisende. Er reiste in friedlicher Absicht, verband Ost und West. Er wollte die Welt entdecken, fremde Kulturen kennen lernen, nicht zerstören. Könnte er heute für uns Reisende nicht Vorbild sein? Aufgeschlossen und friedlich sollte unsere Haltung auf Reisen sein. Dazu gehören auch Respekt vor Mensch und Tier und die Bewahrung der Umwelt.

Gästebetten neu entstehen oder nicht. Hier wird mit großen Geldsummen jongliert. Viele der Funktionsträger sollen sich im Zuge des Tourismusbooms auch privat gesundgestoßen haben, immer wieder wurden Korruptionsvorwürfe laut.

ESSEN & TRINKEN

San Bartolomé hat trotz seiner Bedeutung für den Fremdenverkehr kaum eine eigene touristische Infrastruktur. Einfache Cafeterias wie die *Bar Guanche*, die *Bar Cuatro Esquinas* und das *Santana (alle €)* bieten Hausmannskost an.

ÜBERNACHTEN

Las Tirajanas

Das gemütliche Landhotel in rustikalem Stil liegt in herrlicher Berglage mit spektakulärer Rundumsicht. *60 Zi., Calle Oficial Mayor José Rubio, Tel. 928 12 30 00, Fax 928 12 30 23, www.hotel-lastirajanas.com, €€*

ZIEL IN DER UMGEBUNG

Presa de Chira **[118 A2]**

Wunderschön unterhalb eines dichten Pinienwaldes liegt der Stausee in einer Senke.

SAN NICOLÁS DE TOLENTINO

[112 B5] Der Ort erstreckt sich über eine für Gran Canaria ungewöhnlich weite Ebene, die auf beiden Seiten von hohen Bergzügen eingerahmt wird. San Nicolás ist das isolierteste Städtchen und eigentlich keinem Teil der Insel so recht zugehörig. Die schwierige Lage hat bis heute eine moderne Küstenstraße dorthin verhindert. Nach Las Palmas – obwohl keine 40 km Luftlinie entfernt – dauert die Autofahrt zwei Stunden.

Schon von weitem ist zu erkennen, wovon die 8000 Bewohner leben. Wie ein grafisches Muster zerteilen Plastikplanen in der Größe von Fußballfeldern das Land. Tomaten werden hier angebaut; die Planen erzeugen ein Mikroklima, das mehrere Ernten im Jahr erlaubt. San Nicolás selbst ist keine Schönheit. Nur die kleine Plaza bei der Kirche hat eine angenehme Atmosphäre.

ESSEN & TRINKEN

Eine Reihe kleiner Lokale, Cafeterias und Bars genügt einfachen Ansprüchen.

Segundo
Die Bar wird auch von Einheimischen gut besucht. Tapas und solide Hausmannskost. Dem Besitzer gehört auch das einzige Hotel in San Nicolás. *Tgl. geöffnet, gegenüber der Kirche, €*

ÜBERNACHTEN

Hotel Cascajo
Schmuckloser Neubau mit 20 guten Zimmern nahe der Kirche. *Tel. 928 89 11 65 (oder direkt in der Bar Segundo fragen), €*

ZIELE IN DER UMGEBUNG

Cactualdea **[112 B5]**
100 000 Kakteen und andere Pflanzen sind im »Kaktusdorf« zu besichtigen. In der noch relativ jungen Anlage südöstlich von San Nicolás Richtung Mogán mit eigener Kakteenzucht gibt es außerdem Cafeterias, einen Souvenirladen und ein großes Becken voll herrlich glänzender Steine und Halbedelsteine, die nach Gewicht verkauft werden. Auch eine große Auswahl junger Kakteen steht zum Kauf bereit *(tgl. 10–18 Uhr, Eintritt 6 Euro, Tel. 928 89 12 28). 4 km*

Insider Tipp
Fahrt nach Artenara **[112–113 B–E 4–5]**
Wer einmal die Zivilisation hinter sich lassen will, macht sich auf den Weg von San Nicolás nach Artenara auf der GC 210, der wohl am wenigsten befahrenen Straße Gran Canarias. 30 km lang und oft so schmal, dass zwei Autos nicht ohne weiteres aneinander vorbeikommen, windet sie sich aus dem Ortszentrum (nach *dirección Artenara* fragen) bis in 1300 m Höhe.

Anfangs durchqueren Sie Bananen- und Avocadoplantagen, Orangenhaine säumen den Weg. Doch schon nach wenigen Hundert Metern ändert sich die Landschaft völlig. Die Straße führt in den *Barranco de la Aldea,* eine Schlucht wie aus einem Karl-May-Roman. Die Vegetation wird flach und karg. Wer anhält, hört nur noch die Vögel, die im Binsengestrüpp flacher Tümpel herumtollen. Diese sind der Rest von Flüssen, die einst die gewaltigen Rinnen aus dem Fels wuschen. In scharfen Serpentinen schraubt sich die Straße hinauf. Staubecken werden passiert, die das Regenwasser zurückhalten. Vor

Cactualdea: Nicht alle Kakteen passen ins Fluggepäck

einem Tunnel öffnet sich erstmals das monumentale Panorama der Cumbre in seiner gesamten Breite. Die beiden Wahrzeichen Gran Canarias, die Monolithen *Roque Bentaiga* (links) und *Roque Nublo* (rechts), bestimmen das Bild. Ginster und Tajinaste, später Mispeln, Mandelbäume und schließlich gepflegte Terrassenfelder künden von fruchtbarer Erde. Wie Schwalbennester kleben die Fassaden einiger Höhlenwohnungen am senkrechten Fels.

In 1200 m Höhe mündet die Straße in den Pinienwald von *Tamadaba* ein. Artenara ist nun ganz nah, und es ist dennoch möglich, dass Ihnen in der vergangenen Stunde kein Auto entgegengekommen ist. Mountainbiker können die Tour auch mit dem Rad machen, Cracks von San Nicolás aus, weniger trainierte Radler bergab von Artenara. *30 km*

Mirador de Balcón **[112 B5]**

Der Aussichtsplatz liegt an der Küstenstraße nach Norden. Von einer in den Fels gehauenen Plattform blickt man tief hinab in die tosende See und die schroffe Steilküste entlang. *3 km*

Puerto de San Nicolás **[112 A5]**

Der Hafen von San Nicolás besteht aus einem langen steinigen Küstenstreifen, an dem viel geangelt wird, einer Promenade, einer großen Hafenmole und einem sehr dichten kleinen Wald aus *pino marino,* Küstenkiefer. In dessen Schatten stehen dutzende Picknicktische, die am Wochenende von Einheimischen überrannt werden. Die meisten der wenigen Häuser sind Restaurants, die während der Woche nicht viel zu tun haben und gute Fischgerichte bieten. Empfehlenswert sind *Aguas Marinas* und *El Charco (tgl. geöffnet, €€). 5 km*

Urlaub mal ganz anders

In Fincas, Herrenhäusern oder Höhlenwohnungen lebt man fast wie die Einheimischen

Turismo rural, ländlicher Tourismus, heißt ein alternatives Ferienangebot für Menschen, die Gran Canaria fern vom Massentourismus entdecken wollen. In Fincas, Herrenhäusern, Landhotels oder Höhlenwohnungen leben die Gäste ähnlich wie die Einheimischen. In mehreren Orten verfügt die Retur, eine Institution der Inselregierung, über etwa 20 Häuser. Sie sind für Selbstversorger vollständig eingerichtet und müssen für mindestens zwei Nächte gebucht werden *(Retur, Mo–Fr 8.30–15 und 17–19 Uhr, Calle Lourdes 2, Vega de San Mateo, Gran Canaria, Tel. 928 66 16 68, Fax 928 66 15 60, www.returcanarias.com)*. Weitergehende Infos zum Turismo Rural gibt's beim *Patronato de Turismo, Calle León y Castillo 17, Las Palmas, Tel. 928 21 96 00,* bei *www.aecan.com* und bei der *Asociación Canario de Turismo Rural (Tel. 902 15 72 81, Fax 928 39 01 70, www.ecoturismocanarias.com).*

Santa Lucía

[118 C2] Der Weiler mit 1500 Einwohnern ist das Zentrum einer Streusiedlung im oberen Abschnitt des *Barranco de Tirajana.* Die meisten Bewohner gehen in dem fruchtbaren Barranco der Landwirtschaft nach. Im weiten Halbrund der Hänge liegen die Häuser und Gehöfte inmitten lockerer Palmenhaine und Alleen aus hohen Eukalyptusbäumen.

Alte Dorfbewohner erzählen, dass es wegen der außergewöhnlich guten Akustik noch vor einer Generation üblich war, sich Nachrichten von einer Seite des Berges 500 m weit auf die andere zuzurufen oder am anderen Ende der Siedlung wohnende Verwandte zu bitten, beim Besuch ein Brot aus der Bäckerei mitzubringen. Noch heute wirkt das Patchwork aus flachen weißen Häusern wie von der Zeit vergessen.

Museum

Museo Castillo de la Fortaleza
Geschichte und Brauchtum der Canarios sind die Themen dieses kleinen Privatmuseums. Neben Werkzeugen des bäuerlichen Lebens hat der Besitzer, ein passionierter Sammler, auch Pflanzen, Steine und sogar die sterblichen Überreste altkanarischer Vorfahren zusammengetragen. Sie werden nun in einer grauen, dem Mittelalter nachempfundenen Burg (spanisch: *castillo)* gezeigt, die reichlich kitschig ist. *Mo–Fr 8.30–17.30 Uhr, Sa und So 11.30–17.30 Uhr, Eintritt 2 Euro, an der Durchgangsstraße*

Essen & Trinken

Hao
Einen sehr guten Ruf genießt dieses auch von Ausflugsbussen angesteuerte Restaurant hinter dem Museum. Es gehört demselben Besitzer und ist für seine typisch kanarische Küche bekannt. Die Gäste sitzen in einem weiten, schattigen Patio. *Tgl. geöffnet, Tel. 928 79 80 07,* €€

Übernachten

El Ingenio
Das 100 Jahre alte Dorfhaus mit urigem Mobiliar liegt 4 km vom Ort entfernt mit tollem Blick auf die Bergwelt. *1 Zi., Reservierung Retur (S. 46),* €

Tejeda

[113 E5] ★ Der 1050 m hoch gelegene Ort mit 2400 Einwohnern ist wohl der malerischste Gran Canarias und deshalb ein beliebtes Fotomotiv. Auf mehreren Hügeln und Plateaus liegt er am sonnendurchfluteten Südhang einer gewaltigen Schlucht. Hohe Berge rahmen Tejeda ein. Weiß getünchte Häuser mit grünen Fensterläden und hölzernen Balkonen betonen kanarische Traditionen. Gassen, Stiegen und Plätze umrahmen die aus dem Zentrum herausragende Kirche. Entlang der Hauptstraße spaziert man entspannt wie auf einer Promenade, selbstverständlich immer mit Panoramablick hinab ins Tal. Gegenüber liegt der Felsen *Roque Bentaiga.*

Tejeda ist im Alltag verträumt und ideal zum Entspannen, wird aber auch von Ausflugsbussen besucht. Im Februar Mandelblüten-

Kirchen und Museen

Wer sich auskennt, kann Geld und Zeit sparen

Vor geschlossenen Kirchentüren stehen, stets hohe Eintrittsgelder für die vielköpfige Familie ausgeben – dies sind Kleinigkeiten, die im Urlaub auf Dauer ganz schön nerven können. Das muss aber nicht sein. Beherzigen Sie daher zwei Tipps: Kirchen sind, wenn nicht anders in den Kapiteln darauf hingewiesen wird, nur zu den Messen geöffnet, d. h. vor allem sonntags vormittags und abends. Sonntags ist auch Spartag. Dann nämlich kosten alle staatlichen Museen keinen Eintritt. Da die meisten Museen auf Gran Canaria in staatlichen Händen sind, kann sich das schon lohnen.

fest mit Buden und Feuerwerk. Tejeda ist auch ein guter Ausgangspunkt für Wandertouren (z. B. zum *Pico de las Nieves, Roque Nublo, Pinar de Tamadaba).*

ESSEN & TRINKEN

Sombra del Nublo
Kanarisch leger geht es im großen, hellen Speisesaal dieses freundlich eingerichteten Lokals mit einer 8 m langen Bar zu. Schmackhafte Hausmannskost wird serviert. *Di geschl., Calle Hernández Guerra, Tel. 928 66 65 44, €–€€*

EINKAUFEN

Insider Tipp **Dulcería Nublo Tejeda**
Inselweit bekannt für ihre süße Fracht sind die Lieferwagen dieser angesehenen Zuckerbäckerei. Im winzigen Laden an der Hauptstraße warten *mantecados, piñones* und *mazapán*, Tejedas Marzipankuchen, auf Schleckermäuler. *Tgl. 9–18 Uhr, Calle Hernández Guerra 15*

ÜBERNACHTEN

Von Tejeda ging die Initiative aus, den *turismo rural* zu fördern. Dementsprechend vielseitig ist das Angebot an Häusern. Das typischste:

La Tosca
Mit viel Liebe wurde das kleine Dorfhaus renoviert und modernisiert. Ein halbrunder Salon und der Minivorgarten schaffen Atmosphäre. *2 Zi., Reservierung Retur (S. 46), €*

ZIELE IN DER UMGEBUNG

Ayacata [113 E6]
Der Weiler auf der Südseite der Cumbre ist für seine Mandelbaumblüte im Februar berühmt. In der netten, viel von Ausflüglern besuchten Bar *Casa Melo (tgl. geöffnet, €)* gibt es einfache Hausmannskost. *12 km*

Embalse Cueva de las Niñas [117 D2]
Der idyllische Stausee liegt südlich Ayacatas im Naturschutzpark *Pajo-*

nales. Hier kann man auf dem Gelände eines verträumten Picknickplatzes auch zelten. Wanderungen in der bewaldeten Gegend bieten sich an. *17 km*

Roque Bentaiga **[113 E5]**
1412 m hoch ist der gewaltige Basaltmonolith südwestlich Tejedas. Den Altkanariern war er heilig. Auf dem Kultplatz am Fuß des Berges, den man vom Parkplatz aus erreicht, fanden Opferzeremonien statt.

In der *Cueva del Rey* (»Königshöhle«) ganz in der Nähe wurden ebenfalls Spuren einer Kultstätte der Altkanarier gefunden. Die Höhle ist mit 11 m Länge, 7 m Breite und 2,5 m Höhe ungewöhnlich groß. *7 km*

Roque Nublo **[113 E6]**
★ Wie der Faustkeil eines Riesen ragt das bekannteste Wahrzeichen Gran Canarias in den Himmel: der 1813 m hohe »Wolkenfels«, ebenfalls ein Basaltblock, der 80 m hoch auf einem Tafelberg steht. Auch er war den Urkanariern heilig. Vom Parkplatz (Anfahrt über Ayacata) aus erreichen Sie ihn auf einem gewundenen Pfad in etwa 15 Minuten.

Zwei Plateaus eröffnen grandiose Fernsichten über weite Teile der Insel und bis nach Teneriffa. Achten Sie auch auf die beiden steinernen Begleiter des Roque Nublo, *Fraile* und *Rana!* Je nach Position erkennt man tatsächlich die Profile eines Mönchs (spanisch *fraile)* und eines Froschs (spanisch *rana)* in den Felsen.

Wenn Sie der Straße weiter bergauf folgen, erreichen Sie nach wenigen Minuten einen der beliebtesten Picknickplätze der Canarios im *Barranco de los Hornos.* Grillplätze und Tische sind an Wochenenden voll besetzt. Ein paar Meter weiter liegen für diese Breitengrade ungewöhnliche Birnen- und Apfelbaumplantagen. *14 km*

Der Roque Nublo ragt als steinerner Wolkenkratzer 1813 m in den Himmel

Grüne Hügel, steinige Ufer

Zwischen Bergen und dem anbrandenden Ozean liegen Bananenplantagen und quirlige Orte

Man ist versucht, sich zu zwicken und zu fragen, ist das noch dieselbe Insel, auf der ich vor weniger als einer Stunde aufbrach? Keine blanken Felsen mehr, keine trockenen Böden, die Sonne kommt nur noch schwer durch Wolken und Dunst. Verschwunden ist die Wärme.

Wer Las Palmas hinter sich gelassen hat, lernt die Passatwinde meist umgehend kennen. Sie segeln auf die Cumbre zu, bleiben an ihr hängen und kommen nicht weiter. Die Folge: Die Erde dörrt nicht aus, die Vegetation sprießt. Das ewig milde Klima kommt der Landwirtschaft zugute. Felder überall: Avocados, Zitrusfrüchte, Mispeln, Guaven wachsen; aber vor allem Bananen, so weit das Auge reicht.

Außerdem fällt die Zersiedlung der Küste auf; wo Platz ist, dehnen sich die Orte aus. Strände fehlen fast völlig, dafür tost das Meer machtvoll gegen die steinigen Ufer, die weiße Gischt zieht mit feinem Strich die Küste nach. Die Barrancos sind weniger erhaben als im kahlen Süden. Auf kleinen Plateaus in den Vorbergen stehen Bienenkörbe, Tauben werden gezüchtet. Auf jedem Absatz ein Terrassenfeld, in dem die Menschen in Handarbeit ihrer Arbeit nachgehen: Setzlinge pflanzen, Kartoffeln ernten, hacken. Alles wirkt so, als wäre es schon immer so gewesen.

Valle de Agaete – das stille Tal liegt im Nordwesten Gran Canarias

Im Ortszentrum von Teror

Städtisches Leben spürt man, außer in Telde, eigentlich nur in Gáldar und Guía, Orte, die schon fast zusammengewachsen sind und nur durch die Autostraße, die zwischen ihnen verläuft, auf Distanz gebracht werden. Und spätestens nach Agaete ist es mit der Urbanität schon wieder vorbei. Wer sich nach Süden auf die 40 km lange Serpentinenstrecke nach San Nicolás begibt, wird in der lebensfeindlichen Umgebung der Steilküste bald den Eindruck haben, schon wieder in eine zuvor unbekannte Welt einzutauchen.

Der Norden ist grün und fruchtbar, wie die Plantagen bei Arucas zeigen

ARUCAS

[114 C2] Arucas ist die drittgrößte Stadt Gran Canarias (34 000 Ew.) und Heimat des kanarischen Rums. *Arehucas* heißt er, so wie die einst an gleicher Stelle liegende Siedlung der Altkanarier. An den wasserreichen Nordhängen der Cumbre wurden schon im 16. Jh. riesige Mengen Zuckerrohr angebaut und Destillen errichtet. Ein großer Teil der Lorbeerwälder musste damals daran glauben. Ende des 19. Jhs. erlebte dann der Bananenhandel einen Aufschwung, und Arucas wurde wohlhabend. Davon zeugt die gut erhaltene Altstadt mit zweistöckigen Häusern entlang steiler Gassen.

SEHENSWERTES

Arehucas
Die Rumfabrik ist eine der wirtschaftlichen Stützen der Stadt. 1884 eingeweiht, erwarben sich die Spirituosen der Großdestille – es wird auch Bananenlikör hergestellt – bald landesweite Anerkennung. Während der kostenlosen Führung geht es auch in die Bodega, auf deren Rumfässern sich prominente Besucher mit Autogrammen bedankt haben. *Mo–Fr 10–14 Uhr, Era de San Pedro 2*

Iglesia de San Juan Bautista
Kathedralenformat hat die Kirche Johannes' des Täufers und ist damit viel zu groß für diese Stadt. Was von weitem wie ein gotisches Meisterwerk wirkt, entpuppt sich als ein Bau aus dem 20. Jh. Der Basaltstein, aus dem die Kirche erbaut wurde, verliert nur an sonnigen Tagen sein tristes Grau ein wenig. Bemerkenswert sind das große Rosettenfenster über dem Hauptportal und eine liegende Christusfigur des Bildhauers Manuel Ramos. *Geöffnet meist nur zu den Messen*

Jardín de la Marquesa
Der Gräfin von Arucas gehört dieser Park mit exotischen Pflanzen aus aller Welt. Er wird auch *Jardín de las Hespérides* genannt. *Tgl. 9–18 Uhr, Eintritt 4 Euro, GC 330 nach Bañaderos, 1 km*

Montaña de Arucas
Wie eine Spirale schraubt sich die Straße um den Hausberg der Stadt auf gut 400 m Höhe hinauf. Oben angekommen, hat man bei einem Rundgang freie Sicht in alle Himmelsrichtungen. Gut zu überblicken sind die dunkelgrünen, z. T. mit Plastikplanen überdachten Bananenplantagen. *1 km*

ESSEN & TRINKEN

Mesón de la Montaña
Das große Restaurant mit Terrassen liegt auf der Montaña de Arucas und ist nur am Wochenende gut besucht. Reiche Auswahl, auch an kanarischen Gerichten. *Tgl. geöffnet, Tel. 928 60 14 75, €€–€€€*

ÜBERNACHTEN

Hacienda del Buen Suceso
★ Die mit großem Aufwand für Gäste hergerichtete Finca steht inmitten einer Bananenplantage. Mehrere Terrassen, Garten, kleines Fitnesscenter und Pool. Die Küche ist ausgezeichnet. *18 Zi., Anfahrt: GC 330 nach Bañaderos, 1,5 km, Tel. 928 62 29 45, Fax 928 62 29 42, http://hotelhacienda.sitio.net, €€€*

ZIELE IN DER UMGEBUNG

Firgas [114 B2–3]
Bekannter als Arucas ist dieser kleine Ort (7000 Ew.). Wer eine Flasche *Firgas* bestellt, bekommt das hervorragende, nur leicht prickelnde Mineralwasser *(con gas)* oder Tafelwasser *(sin gas)*. Auch im Dorf selbst ist das kostbare Nass allgegenwärtig. Brunnen plätschern, ein Wasserlauf wurde angelegt. Das Ortszentrum um die *Plaza San Roque* mit der hübschen Kirche ist einen Spaziergang wert. *7 km*

MARCO POLO Highlights »Der Norden«

★ **Hacienda del Buen Suceso**
In der Finca der Bananenplantage erleben Gäste den idyllischen Norden (Seite 53)

★ **Cenobio de Valerón**
Spektakuläres Höhlenensemble (Seite 58)

★ **El Dedo de Dios**
Der »Finger Gottes« ist eine hauchdünne Felsnadel (Seite 55)

★ **Teror**
Wallfahrtsort und typisch kanarisch (Seite 61)

★ **Museo La Cantonera**
Museum in tollem Bauernhausensemble (Seite 63)

★ **Caldera de Bandama**
Gran Canarias größter Krater zeugt von seiner vulkanischen Entstehung (Seite 57)

Moya **[114 B2]**
Das hübsch im Vorgebirge der Cumbre gelegene Dorf (3000 Ew.) ist wegen des Dichters und Arztes Tomás Morales (1884–1921) bekannt, der hier geboren wurde. Sein zum Museum eingerichtetes Geburtshaus ist typisch für das 19. Jh. Im *Casa Museo Tomás Morales* sind Erinnerungsstücke aus Morales' Leben und Schaffen zu sehen *(Mo–Fr 8–20 Uhr, Sa und So 10–14 und 17–20 Uhr, Eintritt frei, an der Hauptstraße)*. Die Hauptstraße führt direkt zur *Plaza Tomás Morales* mit der Pfarrkirche *Iglesia del Pilar. 6 km*

Parque Natural Los Tilos **[114 A3]**
In einem verborgenen Winkel der gemäßigten Zone *Monte Verde* liegt Gran Canarias »Ökomuseum«. Los Tilos erlaubt einen Blick zurück auf Gran Canarias frühere Vegetation. Im feucht-dunklen Talgrund des *Barranco del Laurel* (Insider Tipp) stehen die Reste des kanarischen Lorbeerwalds – tiefgrüne Bäume auf engem Raum, von Bergen geschützt vor Sonne und Hitze. Unglaublich dicht ist der Wildwuchs aus Brombeergestrüpp, Binsen und Schilf. Farne sind hier zu Hause, Moose wachsen auf Mauern aus Feldsteinen. Die Hänge sind mit Gebirgsblumen in vielen Farben bedeckt. Bis zu 1000 mm Niederschlag pro Jahr fallen hier. Eine einspurige Straße (GC 704) führt durch das Tal hinauf in die Berge. *8 km*

GÁLDAR

[113 D–E2] Am Fuß des ebenmäßigen Vulkankegels *Pico de Gáldar* breitet sich die Kleinstadt (23 000 Ew.) weitflächig aus. Hektisch geht es hier zu, auch wenn seit Fertigstellung der Umgehungsstraße der Verkehr etwas nachgelassen hat.

Gáldar hat eine lange Geschichte. Schon vor der Ankunft der Spanier lag hier der Sitz eines der beiden Könige Gran Canarias. Tenesor Semidan ergab sich aber der Übermacht der Eroberer und ließ sich später taufen. Danach verlor Gáldar seine Bedeutung. Besuchern hat es nicht viel zu bieten. Unbestrittenes Zentrum ist die *Plaza de Santiago* mit dem alten Rathaus. An ihr liegen die Hauptkirche und die *Casa Consistorial.* Auf dem weiten Platz, der von Schatten spendendem Lorbeer überwölbt wird, ist den ganzen Tag über viel los. Vor allem Kindern gefällt die großzügige Plaza mit dem schönen Brunnen.

SEHENSWERTES

Cueva Pintada
Die »bemalte Höhle« gehört zu den wichtigsten Zeugnissen, die die Altkanarier hinterlassen haben. Sie ist bis jetzt die einzige Stätte, in der man farbige Höhlenzeichnungen von ihnen gefunden hat. Leider können die geometrischen Muster nicht besichtigt werden. Das *Museo Canario* in Las Palmas zeigt allerdings eine Nachbildung der Cueva Pintada.

El Drago
Besonders stolz ist Gáldar auf seinen Drachenbaum, den ältesten Gran Canarias. Mit dem meterdicken Stamm sprengt er fast den Arkadenpatio der *Casa Consistorial.* 1718 wurde dieses Prachtexemplar gepflanzt. *Besichtigung meist nur*

an Werktagen bis 13 Uhr, wenn das Rathaus geöffnet ist, Plaza de Santiago 1

Iglesia de Santiago de los Caballeros

Hinter der Plaza de Santiago erhebt sich die Hauptkirche Gáldars aus dem 18. Jh., ein Frühwerk des Klassizismus. Zum schlichten Innern kontrastieren wertvolle Kirchenschätze, die teils im Gotteshaus selbst, teils in der Krypta aufbewahrt werden. *Unregelmäßige Öffnungszeiten*

ÜBERNACHTEN

Hacienda de Anzo

Renoviertes altes Landhaus in kanarisch-kolonialem Stil. Zwölf komfortable Zimmer. Großer Garten, Pool. *Valle de Anzo, Tel. 928 55 16 55, Fax 928 55 12 44, www.notodohoteles.com,* €€

ZIEL IN DER UMGEBUNG

Cueva de las Cruces [113 D2]

In der »Höhle der Kreuze« fand man in Stein gehauene Kreuze. Ob Missionare damit gegen heidnische Bräuche protestieren wollten, ist bis heute unsicher. Zu besichtigen ist eine Reihe unterschiedlich großer Kammern. *GC 293, 2 km hinter Gáldar in einer Linkskurve*

PUERTO DE LAS NIEVES

[112 C3] Der kleine Fischerort (1000 Ew.) ist sehr lebendig. Er hat eine breite Promenade und gute Fischrestaurants. Von der gewaltigen Hafenmole fahren Katamaranfähren der *Lineas Fred. Olsen (www.fredolsen.es)* viermal täglich nach Teneriffa *(Fahrt 1 Std., ca. 82 Euro für 2 Personen und PKW).*

El Dedo de Dios: das Wahrzeichen von Puerto de las Nieves

SEHENSWERTES

El Dedo de Dios

★ Vor dem steinigen Ufer bei Puerto de las Nieves steht »der Finger Gottes«. Er ist eine von Wind und Wetter geschliffene Felsnadel, die wie ein drohender, knochiger Finger steil vor dem Kliff aus dem Meer ragt.

Virgen de las Nieves

Die Kapelle ist ein schlichter Bau mit Holzdecke im Mudéjarstil. Hohen künstlerischen Wert besitzt das Triptychon des Flamen Joos von

Cleve, das hier seit dem 16. Jh. gehütet wird.

ESSEN & TRINKEN

Insider Tipp

Dedo de Dios

Kanarische Spezialitäten gibt's auch im großem Wintergarten mit Meerblick. *Tgl. geöffnet, direkt an der Hafenmole, Tel. 928 89 80 00,* €–€€

ÜBERNACHTEN

Insider Tipp

Puerto de las Nieves

Das nette Familienhotel bietet Urlaub abseits der Massen, sehr gute Küche und einen Wellnessbereich. *30 Zi., Avda. Alcalde José de Armas, Tel. 928 88 62 56, Fax 928 88 62 67, www.hotelpuertodelasnieves.com,* €€

ZIELE IN DER UMGEBUNG

Agaete **[113 D3]**

Agaete ist ein hübscher Ort (6000 Ew.), der am Ausgang eines sonnendurchfluteten und dennoch fruchtbaren Tals liegt. Von der schattigen Plaza gegenüber der Kirche führen Gassen in ein Dickicht verwinkelt stehender Häuser. Das stille Städtchen ist wegen seiner etwas isolierten Lage noch sehr vom Landleben geprägt. Im alten Dorfhaus *Casa Luna* (Insider Tipp) hat Mónica Herrera (sie spricht Deutsch) drei gemütliche Zimmer liebevoll eingerichtet. Mit Patio und Dachterrasse *(Calle Guayarmina 42, Tel./Fax 928 55 44 81, www.ecoturismocanarias.com,* €*). 1 km*

Valle de Agaete **[113 D3]**

7 km weit ins Landesinnere führt das stille Tal. Es beginnt direkt hinter Agaete und wird landwirtschaftlich genutzt. Auf der wenig befahreren Landstraße können Sie spazieren gehen und auf schmalen Wegen in den Tamadaba-Wald hinaufklettern. Ganz am Ende des Valle mit Blick hinab bis zum Meer liegt idyllisch das *Princesa Guayarmina (33 Zi., Los Berrazales, Tel. 928 89 80 09, Fax 928 89 85 25, www.hotelguayarmina.com,* €*)*. Das einfache Kurhotel hat eine lange Tradition. Wer im Landhausstil wohnen will, mietet sich in der *Finca Las Longueras* (Insider Tipp) *(12 Zi., Tel. 928 89 81 45, Fax 928 31 84 00,* €–€€*)* ein, einem großen Gut mitten im Tal.

SANTA BRÍGIDA

[114 C4] Überaus großzügig hat sich Mutter Natur in und um den gut 500 m hoch gelegenen Ort ausgebreitet. Schattige Alleen, dicht bewachsene Gärten und Berghänge kennzeichnen das 10 000-Ew.-Städtchen. Ehrwürdige, rund hundert Jahre alte mehrstöckige Villen und Herrenhäuser erinnern daran, dass Santa Brígida schon Ende des 19. Jhs. ein beliebter Kurort für reiche Nordeuropäer war. Hier wurden die ersten Hotels eröffnet; man verbrachte den Winter im milden Klima der Cumbre oder floh vor der Sommerhitze in Las Palmas. Auch heute wohnt, wer das Geld dafür hat, in Santa Brígida und fährt morgens zur Arbeit in die Hauptstadt.

ESSEN & TRINKEN

Grutas de Artiles

Das Restaurant mit der besten traditionellen Küche Gran Canarias liegt fern aller touristischen Trampelpfade. Hier werden noch fast alle typisch kanarischen Gerichte nach seit Generationen überlieferten Rezepten zubereitet. Dazu reicht man Del-Monte-Wein. Das Restaurant hat einen großen Speisesaal und mehrere Räume in Vulkanhöhlen eines erkalteten Lavastroms, die zu festlichen Anlässen oft komplett reserviert werden. Weil hier fast nur Einheimische einkehren, ist es während der Woche meist sehr still. Dann können Sie auch die Grotten selbst erkunden. *Tgl. geöffnet, Ctra. Las Meleguinas GC 320, Tel. 928 64 12 50,* **€€–€€€**

Satantey
Im Hotelrestaurant präsentieren Spitzenköche aus ganz Spanien aktuelle Kreationen auf der Basis kanarischer Traditionsrezepte. *Tgl. geöffnet, Calle Real de Coello 2, Tel. 928 35 53 00,* **€€€**

ÜBERNACHTEN

Hotel Santa Brígida
Eines der letzten Traditionshotels der Insel liegt im Ortsteil Monte Lentiscal, wird aber seit seiner Eröffnung vor über 100 Jahren Santa Brígida zugerechnet. Das renovierte Haus mit modern eingerichteten Zimmern gehört einer Hotelfachschule. Entsprechend vorzüglich ist der Service. Großzügiger Garten mit alten Bäumen, Pool. *42 Zi., Calle Real de Coello 2, Tel. 828 01 04 00, Fax 828 01 04 01, www.hecansa.com,* **€€**

Insider Tipp **Villa del Monte**
Petra Wonisch vermietet in ihrem verwinkelten Landhaus mit Garten, Pool und Sauna sieben liebevoll gestaltete Zimmer. Gäste fühlen sich in der familiären Atmosphäre wie zu Hause. Toll die Suite mit eigener Sonnenterrasse. *Calle Castaño bajo 9, Tel. 928 64 43 89, Fax 928 64 15 88, www.hotelvilladelmonte.com,* **€–€€**

ZIELE IN DER UMGEBUNG

Caldera de Bandama/ Pico de Bandama [115 D4]
Vom 574 m hoch gelegenen Pico de Bandama hat man die schönste Rundumsicht auf Gran Canarias Nordosten und Las Palmas. Er grenzt direkt an die ★ Caldera de Bandama, den gewaltigen Explosionskrater eines Vulkans. Mit 1000 m Durchmesser am Kraterrand ist er der größte der Insel. Auf dem 200 m tiefen Grund liegt ein kleines Gehöft. Ohne Genehmigung darf man nicht in die Caldera hinabsteigen. *7 km*

El Monte [115 D4]
Hinter dicken Mauern liegen unterhalb des Ortsteils Monte Lentiscal die letzten Weinhänge Gran Canarias. Rund 500 ha Anbaufläche werden noch bewirtschaftet. Die Trauben werden per Hand geerntet und mit altertümlichen Maschinen verarbeitet. Ein Jahrgang *Del Monte* ist in null Komma nichts verkauft. Doch können auch Sie einen der erdigen Tropfen ergattern. Die *Bodega San Juan* (Insider Tipp) füllt meist bis in den März des Folgejahres hinein Besuchern *tinto* (Rotwein), *blanco* (Weißwein) und *moscatel* (Dessertwein) zu Preisen zwischen 7 und 10 Euro in Flaschen ab *(Mo–Sa 10–18 Uhr, Ctra. Monte Lentiscal-Bandama Nr. 68). 5 km*

Tafira Alta **[115 D4]**
Mehrere Vororte entlang der Ausfallstraße von Las Palmas gehen inzwischen nahtlos ineinander über. Schönster ist Tafira Alta. Hier blüht es in den Gärten der Villen besonders üppig. Eine kurvenreiche Straße führt links hinab in den alten Siedlungskern. *7 km*

SANTA MARÍA DE GUÍA

[113 E2] Guía – kein Canario nennt den Ort (15 000 Ew.) bei seinem vollen Namen – ist ein wichtiges Kunsthandwerkszentrum. *Cuchillos canarios,* die für ihre fein verzierten Griffe bekannten scharfen kanarischen Messer, und Holzschnitzereien aller Art, sind Spezialitäten aus Guía. Und natürlich der *queso de flor,* der beste Kanarenkäse.

Seit der Ort nicht mehr vom Durchgangsverkehr gequält wird, machen auch Spaziergänge durch die Altstadt wieder mehr Spaß. Sie steht fast vollständig unter Denkmalschutz. 1526 wurde Guía von Gáldar, zu dem es bis dahin als Wohnviertel der Wohlhabenden gehörte, unabhängig. Noch heute beeindrucken die Patrizierhäuser in der *Calle Marqués del Muni.*

SEHENSWERTES

Iglesia de la Asunción
An der Plaza steht die Kirche aus dem 18. Jh. Sehenswert: der Christus im Hauptaltar und mehrere Madonnenfiguren, Werke des größten kanarischen Bildhauers, Luján Pérez (1756–1815). *Meist nur zu den Gottesdiensten geöffnet*

EINKAUFEN

Queso de flor
In mehreren Käsegeschäften entlang der Hauptstraße reihen sich die dicken Laibe dieser leckeren Spezialität aus Guía. Machen Sie sich hier auf zu einer Tour d'Horizon durch die verschiedenen Geschmacksrichtungen und Reifegrade; am besten schmeckt's mit einem Gläschen Wein. Z. B. im Laden des Spezialisten *Santiago Gil Romero* *(Mo–Sa 8–12 und 16–22 Uhr, So 11–14 Uhr, Calle Marqués del Muni 34).* Insider Tipp

ÜBERNACHTEN

Albergue Juvenil San Fernando
Dies ist die einzige Jugendherberge auf Gran Canaria. Sie liegt im Sportzentrum der Gemeinde Guía und hat ein Schwimmbad. *2,50 Euro pro Person und Nacht in Mehrbettzimmern, Avda. de la Juventud, Tel. 928 38 04 20*

ZIEL IN DER UMGEBUNG

Cenobio de Valerón **[113 E2]**
★ Der Cenobio de Valerón ist das eindrucksvollste Höhlenensemble der Ureinwohner Gran Canarias. 298 Nischen und Kammern haben sie hier in mühevoller Arbeit aus dem weichen Tuffstein unter einem Basaltboden gekratzt. Wie Schwalbennester kleben die Höhlen in einer Art Kuppel, die nach Norden hin offen ist. Bis heute rätselt man, ob es sich bei ihnen um Zellen eines Klosters (spanisch *cenobio*) für Mädchen handelte, die hier mit kultischen Exerzitien auf die Ehe vorbereitet wurden, oder um einfache Getreidespeicher. Am schöns-

Die Höhlen des Cenobio de Valerón dienten einst als Speicher

ten ist der Besuch am frühen Vormittag, wenn die Sonne hineinscheint. *Mi–So 10–17 Uhr, Eintritt frei, GC 291, Abfahrt Guía/Moya, links durch den Tunnel, beim Kreisverkehr Richtung Cuesta de Silva. 5 km*

SARDINA DEL NORTE

[113 D1] Am äußersten Nordwestzipfel der schroffen, kahlen Küste liegt dieses Fischernest (1000 Ew.). An Gáldars Ortsende führt vom Kreisverkehr hinter der Brücke eine Straße hinab. Unterhalb der Neubausiedlung kleben die Häuser des Hafens in und an den Felsen. Der Ministrand wird bei Flut überspült. Sardina ist nur am Wochenende gut besucht. Dann kommen viele Canarios, um in einem der Fischlokale zu essen.

ESSEN & TRINKEN

El Ancla

Auf der Hafenpromenade isst man in dem einfachen Lokal mit Blick aufs Meer und die Steilküste. *Mo geschl., Tel. 928 55 14 96, Avda. Antonio Rosas, €€*

ÜBERNACHTEN

Faro Sardina

Apartmentanlage in der Nähe des Leuchtturms. In dem Neubau mit Sandstrand vor der Tür wird Badeurlaub fern der Feriengebiete geboten. *80 Apt., Avda. Santiago Quevedo Megías, Tel. 626 29 71 01, Fax 928 17 11 12, €*

TELDE

[115 E5] Augenfälliger als in der zweitgrößten Stadt Gran Canarias (94 000 Ew.) können die Gegensätze zwischen dörflicher Architektur und städtebaulichen Verschandelungen kaum sein. Die Neustadt besteht aus gesichtslosen Hochhäusern, Wohnblocks und lieblosen Geschäftsstraßen. Wer von der Autobahn kommt, sollte sich am ersten Kreisverkehr in Telde scharf rechts halten, um ins Viertel *San Juan* zu gelangen. Um die Basilika

San Juan Bautista scharen sich die Überbleibsel einer einst schönen Altstadt. Telde war der Sitz des altkanarischen Königs Doramas, der den östlichen Teil Gran Canarias beherrschte. Bis zuletzt widerstand er den Konquistadoren hartnäckig und wurde schließlich im Kampf getötet. Auf der Insider Tipp *Plaza de San Gregorio* wird jedes Jahr im Dezember eine herrliche Weihnachtskrippe mit mehr als tausend Figuren aufgebaut.

SEHENSWERTES

Iglesia San Juan Bautista
Die wichtigste Kirche Teldes an der Plaza hat noch ihre gotische Fassade von vor 1520. Die aus dunklen Basaltquadern errichteten Glockentürme aus dem 20. Jh. harmonieren jedoch nicht mit dem Bau. Massiv ist die breite, mit Beschlägen verzierte Kirchentür aus Holz. Der schlichte Innenraum steht in seltsamem Kontrast zum prunkvollen, um 1500 entstandenen vergoldeten Altaraufsatz aus Flandern. Kurios die Christusfigur, die im 16. Jh. aus Mexiko kam und aus Maismark gefertigt ist. Wegen des federleichten Materials wiegt die Statue nur etwa 7 kg. *Meist nur während der Gottesdienste geöffnet*

Plaza San Juan
Der asymmetrische Platz ist ein feines Beispiel kolonialer Architektur des 16. Jhs. Eingerahmt wird er von schlichten weißen, ein- bis zweistöckigen Bauten mit den typischen breiten, abgesetzten Portalen. Schmale Gassen gehen davon ab. Das Rathaus schmücken Holzbalkone, innen gibt es einen weiten Patio mit einer Bar.

San Francisco Insider Tipp
Der Spaziergang durch das verträumte Viertel San Francisco ist wie eine Zeitreise. Gegenüber der Plaza San Juan verstecken sich an engen Kopfsteinpflastergassen flache, gekalkte Häuser und winzige Plätze. Um hinzukommen, gehen Sie von der *Calle Juan Carlos* rechts durch einen schmalen Torbogen. Zentrum ist die sonnige *Plaza San Francisco* mit der gleichnamigen Kirche. Von der Brüstung aus hat man einen tollen Blick in den fruchtbaren *Barranco de San Miguel.*

MUSEUM

Casa Museo León y Castillo
Das antike Stadtpalais ist das Geburtshaus der Brüder León y Castillo. Fernando war ab 1881 Außenminister Spaniens, sein Bruder Juan setzte als Architekt und Ingenieur die Pläne um. Sehenswert, neben Erinnerungsstücken aus jener Zeit, ist der Patio mit den schönen Arkaden. *Mo–Fr 9–14 Uhr, Eintritt frei, Calle León y Castillo 45*

EINKAUFEN

Telar San Francisco
Neben der Kirche *San Francisco* im gleichnamigen Viertel hat Nilia Bañares Baudet ihre Weberei. Ausschließlich mit Pflanzenextrakten, die sie selbst herstellt, färbt sie Jacken und Decken aus eigener Produktion. *Anmeldung ratsam, Tel. 928 69 12 28*

STRAND

Der 400 m lange dunkle Sandstrand *Playa de Melenara* liegt in einer kleinen Bucht und wird von

Felsen gegen Strömungen geschützt. Am Wochenende füllt er sich mit einheimischen Familien. Es gibt eine breite Promenade, einen Kinderspielplatz und Grünflächen. Imbissbuden und Fischlokale wie das *Playamar (Mo geschl., €)* sorgen tagsüber für das leibliche Wohl. *Autobahnausfahrt Melenara, danach geradeaus hinunter zum Strand*

AUSKUNFT

Centro Municipal de Artesanía y Turismo
Kleines Informationsbüro mit Kunsthandwerkausstellung und Verkauf. *Mo–Fr 9–15 Uhr (unzuverlässig), Calle Juan Carlos 2 (bei Plaza San Juan)*

ZIELE IN DER UMGEBUNG

Cuatro Puertas [115 E6]
Der unscheinbare und schlecht ausgeschilderte »Berg der vier Tore« südlich von Telde ist eine Begräbnisstätte altkanarischer Adliger mit vier massiven, rechteckigen Eingängen, einem Opferaltar und einem Versammlungsplatz. Auf seiner Rückseite befinden sich Wohnhöhlen und Felszeichnungen. *An der GC 100 nach Ingenio, 5 km*

Valsequillo [114 C5]
Valsequillo ist das Zentrum kanarischer Milchproduktion. Um den Ort herum liegen einige der schönsten Mandelbaumhaine, die das Tal im Februar in ein weißes Blütenmeer verwandeln. Ab Mai hängen die Zweige voll hellbrauner Mandeln, die aber nur selten geerntet werden. Auch Feigenbäume säumen die Landstraße. Im Herbst kann man, wenn die Bäume nicht auf Privatgrund stehen, anhalten und ein paar Früchte pflücken. *11 km*

TEROR

[114 B–C 3–4] ★ Gäbe es den Titel des »kanarischsten« aller Orte, das 540 m hoch in der Nordcumbre gelegene Städtchen (12 000 Ew.) hätte ihn verdient. Architektur, Religiosität, kulinarische Genüsse – alles hat hier eine besondere Qualität: eine massive Basilika im Zentrum, um die sich der Ort eng zu scharen scheint; die stille *Plaza del Pino* davor, beschattet von einem uralten Lorbeer und eingerahmt von strahlend weißen Bürgerhäusern mit ihren gebleichten Holzbalkonen und den fleckigen Dachschindeln; die gepflegten Fassaden entlang der pittoresken *Calle Real de la Plaza.* Die gesamte Altstadt steht unter Denkmalschutz.

Nachdem Hirten am 8. September 1481 in der Nähe eine Marienerscheinung hatten, wurde Teror bald zum wichtigsten Wallfahrtsort des gesamten Archipels und eine wohlhabene Stadt. Lassen Sie sich durch die Gassen treiben, bewundern Sie den schlanken Drachenbaum auf dem kleinen eingezäunten Platz gegenüber der Basilika, kaufen Sie ein Souvenir am Keramikstand, nehmen Sie einen Kaffee in einer der einfachen Bars – Teror wird Ihnen wie der Inbegriff kanarischen Lebens erscheinen.

SEHENSWERTES

Basílica Nuestra Señora del Pino
Der barocke Bau wurde zwischen 1760 und 1767 an der Stelle errichtet, an der einst die Kiefer

Typisch für Teror: weiße Bürgerhäuser mit Holzbalkonen

wuchs, in der die Hirten im 15. Jh. die Marienfigur fanden. Von dem alten Gotteshaus blieb nach einer Explosion nur der Turm übrig, der dann in den Neubau integriert wurde. Auffallend am Dachfirst sind einige dämonisch wirkende Wasserspeier, feine Steinmetzarbeiten aus jener Zeit. Innen dominieren die barocken, üppig vergoldeten Haupt- und Seitenaltäre. Eine wichtige Reliquie ist das unter Glas aufbewahrte Kreuz aus dem Holz der legendären Kiefer. *Tagsüber meist geöffnet*

MUSEEN

Casa Museo de los Patronos
Das kleine Privatmuseum ist im ehemaligen Palais der Familie Manrique de Lara (um 1600) eingerichtet. Der Patio gehört zu den schönsten Gran Canarias. Zu besichtigen sind Gemälde, Waffen und Geschirr. *Mo–Fr 11–18, So 11–14 Uhr, Eintritt 3 Euro, Plaza del Pino 3*

Kirchenmuseum
Nur zur Wallfahrt wird die Figur der *Virgen del Pino* hinab in die Basilika getragen. Wer die Madonna und ihr Kind auf einem prächtigen mit Silberblech ausgeschlagenen Thron von nahem sehen möchte, muss in das Museum auf der Rückseite der Basilika gehen. *Mo–Fr 13–15 Uhr, Eintritt 1,50 Euro*

ESSEN & TRINKEN

Cafetería La Plaza
Gegenüber der Basilika gibt es Kaffee und Kuchen in der netten Bar. *Tgl. geöffnet, Plaza del Pino 1*

El Rincón de Magüi
In dem einfachen Lokal in der Altstadt wird deftige Hausmannskost serviert. *Mo geschl., Calle Diputación 6, Tel. 928 63 04 54, €*

EINKAUFEN

Sonntagsmarkt
Sonntagvormittags findet rund um die Basilika ein Lebensmittel-, Kunsthandwerk- und Flohmarkt statt, der bei Touristen sehr beliebt ist. Dort gibt es auch zwei Spezialitäten aus Teror: *Turrón* wird in

verschiedenfarbigen Rollen verkauft, schmeckt ein bisschen wie Türkischer Honig und besteht vor allem aus Eiern, Mandeln und Zucker. *Chorizo de Teror* ist eine paprikarote, feurig-süße Wurst. Sie wird auf Brötchen angeboten.

ÜBERNACHTEN

Insider Tipp

Cortijo San Isidro III
Außerhalb des Ortes gelegenes Pfarrhaus aus dem 17. Jh. mit eigener Kapelle. Modern ausgestattete Wohnung im Erdgeschoss mit zwei Schlafzimmern, Küche, Wohnzimmer und Bad für max. vier Personen. *Buchung über www.ecoturismocanarias.com, Tel. 902 15 72 81, Fax 928 39 01 70,* €–€€

El Veor
Traditionelles Bauernhaus in idyllischer Landschaft mit drei Wohneinheiten für zwei bzw. drei Personen. Fünf Autominuten von Teror. *Buchung über www.ecoturismocanarias.com, Tel. 902 15 72 81, Fax 928 39 01 70,* €

VEGA DE SAN MATEO

[114 C5] Der 850 m hoch gelegene Bergort (8000 Ew.) ist verschlafener, als breite Hauptstraße und großes Busdepot vermuten lassen. Entlang verwinkelter Gassen scheinen alte Stadthäuser vor sich hin zu träumen. Rathaus und Kirche liegen einander an einem kleinen, sonnigen Platz gegenüber. Hier leben die Leute von der Landwirtschaft (Zitrusfrüchte, Gemüse, Feigen). Sonntags zieht ein bekannter Viehmarkt Besucher von der gesamten Insel an. In San Mateo, wie die Einheimischen kurz sagen, gibt es viele Läden, die traditionelles Kunstgewerbe aus Holz und Stickereien verkaufen.

MUSEUM

Museo La Cantonera
★ In dem hübschen Museum werden landwirtschaftliche Gegenstände und Haushaltsgeräte gezeigt. *Mo–Sa 10–16 Uhr, So 10–14 Uhr, Avda. de Tinamar 17, Eintritt 3 Euro*

ESSEN & TRINKEN

La Cantonera
Das Restaurant liegt im Hotelkomplex und ist ebenso detailversessen eingerichtet. In gediegener Atmosphäre werden kanarische Speisen aufgetragen. Gelegentlich machen hier Touristenbusse halt, dann leidet die Atmosphäre ein wenig. *Tgl. 12.30–17, Sa auch 20.30–22.30 Uhr, Tel. 928 66 17 95,* €€–€€€

ÜBERNACHTEN

Insider Tipp

Hotel Rural La Cantonera
In einem wunderschönen Komplex aus fünf alten Bauernhäusern, die sich um einen Patio gruppieren, wurden 15 rustikale Zimmer liebevoll eingerichtet. Sehr freundlicher Service. *Avda. de Tinamar 17, Tel. 928 66 17 95, Fax 928 66 17 77,* €€

Insider Tipp

El Vinco
Das 300 Jahre alte Landhaus hat Preise für seine erstklassige Restaurierung bekommen. Viel Holz bestimmt Arkaden und Balkone. Die drei Zimmer sind mit bäuerlichem Mobiliar ausgestattet. *5 km oberhalb von San Mateo, Reservierung Retur (S. 46),* €€

Warsteiner Playa
Playa
BOUTIQUE OASIS

Strände ohne Ende

Der trockene Süden lockt mit Sonne, Badefreuden und einem grandiosen Hinterland

Gierig saugt der Boden das Wasser auf, in den Barrancos schwellen Rinnsale zu Strömen, prasselnd prallen die Tropfen von Palmblättern ab – es regnet in Gran Canarias Süden. Nur ein paar Mal im Jahr erleben Urlauber dieses seltene Phänomen. Doch kurze Zeit später ist alles wieder trocken. Was Canarios ersehnen und Touristen fürchten, bleibt eine Ausnahme.

Wie gebannt verharren die Wolken des Nordostpassats in den Bergen, im Süden herrschen stets drei bis fünf Grad höhere Temperaturen. 350 Sonnentage im Jahr haben aus der Region eine steinige Einöde gemacht, in der künstlich bewässert werden muss. Dementsprechend trostlos sehen die Küstenorte aus, die man auf der Fahrt in die Feriengebiete passiert. Auch die meisten Tomatenplantagen, die noch in den 1970er-Jahren reiche Ernten brachten, sind nicht mehr rentabel und verfallen. Wasser ist heute zu teuer und wird anders viel lohnender eingesetzt – im Tourismus. Einst vergeudet, nun raffiniert recycelt, bringt es Pflanzen zwischen Bungalows und Hotels zum Blühen.

Playa del Inglés: Dieser Strand ist der bekannteste der Insel

Phantastische Strände und die einzigartigen Dünen von Maspalomas tun ein Übriges, ein Oasengefühl aufkommen zu lassen, das für den Süden so typisch ist.

Weiter im Westen macht eine unnahbare Steilküste das Land nahezu unbewohnbar. Wer sich ins Binnenland aufmacht, um eines der zerklüfteten, tief eingeschnittenen Erosionstäler zu erkunden, entdeckt pittoreske Dörfer, in denen man Terrassenfelder bewirtschaftet. Es wird fruchtbarer, die alten Bewässerungssysteme, oft Hunderte Jahre alt, funktionieren noch immer. Oft sieht man nun Mandelbäume und kleine Haine der kurzstämmigen Kanarischen Palme, deren tiefgrüne, buschige Blattkronen und grell orangefarbene Früchte paradiesisch leuchten.

Agüimes

[119 D–E2] Agüimes (14 000 Ew.) in den Hügelketten der Ostküste ist der Ort der »halben Wege«. Das Meer, die Berge, die Strände des Südens, der Flughafen, Las Palmas – alles ist in weniger als 30 Minuten zu erreichen. Aber Agüimes liegt auch auf halbem Weg zwischen

Villa de Agüimes

Tradition und Neuzeit. In den letzten Jahren schnell gewachsen, hat es inzwischen ein modernes Schwimmbad und einen eigenen Fernsehsender. Im alten Ortskern dagegen mit seinen engen Gassen und gekalkten Fassaden hallen die Schritte auf dem Kopfsteinpflaster wie vor hundert Jahren.

ESSEN & TRINKEN

Oroval

Das Restaurant des Landhotels bietet Gästen kanarische und internationale Küche. *Mo geschl., Tel. 928 78 50 03,* €€

ÜBERNACHTEN

Casa de los Camellos

Aus dem gut 200 Jahre alten »Haus der Kamele« wurde ein schönes Landhotel mit Patios und Arkaden. *12 Zi., Calle Retama, Tel. 928 78 50 03, Fax 928 78 50 53, www.hecansa.com,* €–€€

Insider Tipp **Villa de Agüimes**

Hübsches Landhotel im ehemaligen, alten Rathaus. Mit kleinem Patio, rustikal möblierten Zimmern. *6 Zi., Calle Sol 3, Tel. 928 78 50 03, Fax 928 78 50 53, www.hecansa.com,* €

ZIELE IN DER UMGEBUNG

Arinaga **[119 E3]**

Neubausiedlungen haben aus dem einstigen Fischerdorf einen unansehnlichen Ort gemacht. Doch die lange Uferpromenade mit den witzigen Fischskulpturen ist einen Spaziergang wert. Auf Langusten spezialisiert ist *La Farola (Mo–Sa 13–23 Uhr, an der Hafenmole, Tel. 928 18 04 10,* €€–€€€*). 10 km*

Guayadeque **[118–119 C–D 1–2]**

Der *Barranco de Guayadeque* ist eine der engsten und steilsten Schluchten Gran Canarias. Weil die Sonne weniger Angriffsfläche hat, ist er auch besonders grün. Vielleicht war er deshalb schon zur Zeit der Altkanarier eng besiedelt. Hunderte Wohnhöhlen verstecken sich im Lavagestein, viele werden auch heute noch – vor allem am Wochenende – bewohnt. In Guayadeque entdeckte man eine Vielzahl von Begräbnisstätten voller Knochen und mumifizierter Leichen aus vorspanischer Zeit. Die Toten wurden zur letzten Ruhe in eine der Höhlen gebettet. Infos im *Centro Interpretación*. Hit ist eine ausgestellte Mumie *(Di–So 10–17 Uhr, Eintritt 2,40 Euro)*.

Im Tal gibt es eine Höhlenkapelle und zwei Höhlenrestaurants. Das urige *El Centro (tgl. 12–22 Uhr, in der Talmitte links, Tel. 928 17 21 45,* €*)* besteht aus Nischen und verwinkelten Gängen. Das große *Tagoror* am Ende der Stichstraße wird von Ausflugsbussen angesteuert Insider Tipp und bietet Folkloreshows *(tgl. 10 bis 24 Uhr, Tel. 928 17 20 13, €€). 1 km*

Ingenio **[119 D–E2]**
Agüimes Schwesterstadt erlebte während des Zuckerrohrbooms ihre Blütezeit. *Ingenios* (Zuckerfabriken) bestimmten den Ort. An der Straße nach Carrizal steht am Kreisverkehr eine gut erhaltene Presse. Bekannt ist Ingenio als Zentrum kanarischer Kunststickerei. Im *Museo de Piedras y Artesanía Canaria* kann man den Frauen bei der Arbeit zusehen, Handarbeiten und andere Souvenirs erwerben *(Mo–Sa 8–18 Uhr, GC 100, am Ende des Ortsteils Las Mejias). 3 km*

ARGUINEGUÍN

[117 D5–6] Was in der Guanchensprache »stilles Wasser« heißt, ist heute eine rummelige Siedlung von 12 000 Ew. und wohl ebenso vielen Touristen, die täglich aus den umliegenden Apartmentanlagen hierher strömen, um kanarisches Ambiente zu schnuppern. Einheimische und viele der in der Gegend schon lange ansässigen Ausländer kommen hier besonders gut miteinander aus. Man trifft sich, isst zusammen. Kanarischer Alltag spielt sich besonders im Hafenbereich ab. Dort liegen die Docks, sitzen alte Männer im Vereinssaal der Kulturclubs beim Kartenspiel, werden in der gewaltigen Lagerhalle die angelandeten Fänge verarbeitet und verkauft.

ESSEN & TRINKEN

Cofradía de Pescadores
Im Hafen neben der großen Lagerhalle liegt das Lokal der »Fischerbruderschaft«. Der Fisch ist also garantiert frisch. *Mo geschl., Tel. 928 35 54 77, €€*

MARCO POLO Highlights »Der Süden«

★ **Líneas Salmón**
Neue Inselperspektiven eröffnet eine Fahrt mit den Ausflugsschiffen (Seite 80)

★ **Pachá**
Der Diskopub in Playa del Inglés ist der angesagteste Spot für Nachteulen (Seite 75)

★ **Dunas de Maspalomas**
Saharafeeling in den wellenförmigen, endlosen Sandbergen direkt am Meer (Seite 70)

★ **Rías Bajas**
Für Fisch und Meeresfrüchte die erste Adresse in Playa del Inglés (Seite 72)

★ **Küstenpromenade**
Spazierweg zwischen Puerto Rico und der Playa Amadores mit tollem Blick aufs Meer (Seite 80)

★ **Barranco de Arguineguín**
Vom tiefen Tal hoch hinauf in die Berge und zu einem Stausee (Seite 68)

Insider Tipp **Los Pescaitos**
Von der kleinen Terrasse mit den wenigen Tischen des versteckt gelegenen Lokals blickt man auf Arguineguíns Ministrand und den Atlantik. Große Karte mit spanischen Spezialitäten, gute Auswahl an Kindertellern. *Tgl. geöffnet, La Lajilla s/n, Tel. 928 73 69 13, €€*

Su Bar
Im Ortsteil El Pajar (neben der Zementfabrik) gelegenes Strandlokal mit Kultcharakter. Juan und seine Mannen servieren in rasendem Tempo Paella und fangfrische Meerestiere. *Di geschl., €*

EINKAUFEN

Großer Markt mit Obst und Gemüse, Fisch, Kunstgewerbe und Krimskrams vom Hafenviertel bis in die Außenbezirke *(Di 8–14 Uhr)*. Er ist der bunteste im Inselsüden.

ZIELE IN DER UMGEBUNG

Barranco de Arguineguín **[117 D2–5]**
★ Hinter den weiten Bananenplantagen von Arguineguín beginnt dieses tiefe Tal. Eine gut ausgebaute Landstraße führt 20 km bis in die Bergwelt der Cumbre hinein. In fast 900 m Höhe erreicht man inmitten farbenprächtiger Gebirgsflora den größten Stausee der Insel, den *Embalse de Soria.*

Wer es bis hier herauf mit dem Auto oder Fahrrad schafft (nur für durchtrainierte Biker), bekommt ein eindrucksvolles Gebirgspanorama geboten. Entlang des Weges gibt es mehrere Möglichkeiten für eine Rast in einem der verschlafenen Dörfer. Im Weiler *Soria* lädt das hübsche Lokal *Casa Fernando (tgl. geöffnet, Tel. 928 17 23 46, €)* zum Genuss kanarischer Gerichte ein. Von hier aus gibt es viele Wanderwege, die allerdings gute Ortskenntnisse verlangen. *20 km*

Playa de la Verga **[117 D5]**
Der 300 m lange Strand ist der kurioseste Gran Canarias. Ein Immobilientycoon wollte den Bewohnern seines Apartmentkomplexes eine eigene Playa bieten. Ökologen lehnten es ab, den Sand dafür wie früher vor Gran Canaria vom Meeresgrund schaufeln zu lassen. Also ließ der Mann ein riesiges Schiff chartern und schaffte für eine halbe Million Euro den Sand von den Bahamas herbei. Nun gibt die helle Farbe des Sandes auch dem Meer die für Karibikwasser so typische türkisblaue Farbe.

Bestes Snacklokal ist die helle Cafeteria *Tapas, Tapas (tgl. geöffnet, Tel. 928 15 07 98, €€)*. Insider Tipp Gleich nebenan liegt mit dem *Steigenberger La Canaria* ein exklusives Hotel mit Blumenpracht und Poollandschaft, aber ohne Strand *(230 Zi., 500 m hinter Patalavaca, Tel. 928 15 04 00, Fax 928 15 10 03, www.gran-canaria.steigenberger.de, €€€). 3 km*

MASPALOMAS

Karte in der hinteren Umschlagklappe

[118 A–B 5–6] Unterhalb von Playa del Inglés und begrenzt von Dünen, einem uralten Palmenhain und dem Leuchtturm *Faro de Maspalomas* liegt diese weitläufige Siedlung. Eine Wohn- und Schlafstadt, die weder Zentrum noch Eigenle-

Lesen und schmökern

Amüsante und informative Lektüre – nicht nur bei schlechtem Wetter

Gran Canaria – all inclusive« von Leonie Bach ist ein unterhaltsamer Frauenroman über die Suche nach der idealen Ferienliebe. Der Reiseschriftsteller Gerhard Nebel hat die Kanaren in den frühen 50er-Jahren besucht und schildert seine Erlebnisse humorvoll in »Phäakische Inseln«. Ein lustiger Kinderreiseführer mit vielen bunten Bildern und Denkspielen ist »Mit Julius on tour – Gran Canaria« von Angelika Wiesen. Wer einen schönen Bildband über die kanarischen Nationalparks sucht, dem sei »Canarias – Parques Nacionales« von Juan José Bacallado empfohlen.

ben kennt. Maspalomas wird im Landesinnern von weiteren Feriensiedlungen eingerahmt. Im neuen *Auditorio de Congresos* finden Konzerte und Messen statt. Veranstaltungsinformationen bei der *Casa de la Cultura (Tel. 928 72 34 00).* Die Strandpromenade mit Cafeterias, Eisdielen und Einkaufszentren zieht sich bis nach Las Meloneras hin.

ESSEN & TRINKEN

Casa Antonio
Mitten auf der kleinen Shoppingpromenade versteckt sich die gemütliche Strandperle mit Meerblick, in der Chefkoch José Antonio neben Fisch z. B. *pimientos de Padrón con dátiles* (gefüllte Paprika mit Datteln) auftischt. *Tgl. geöffnet, Tel. 928 14 11 53,* €€

La Orangerie
★ Das Spitzenrestaurant im Hotel Palm Beach ist für seine französisch-mediterrane Küche und exzellente Weine bekannt. *Mo–Mi und Fr–Sa 19.30–22.30 Uhr, Tel. 928 72 10 32,* €€€

ÜBERNACHTEN

Aparthotel Maspalomas Dunas
Die 186 Apartments liegen in niedrigen, in Erdtönen gehaltenen Häusern, die sich unauffällig in die weite Gartenlandschaft einfügen. Sehr ruhig, Pool, aber keine Strandnähe. *Tel. 928 14 09 12, Fax 928 14 07 90, www.hotelesdunas.com,* €€

Grand Hotel Residencia
Die exklusive Bungalowanlage grenzt direkt an den alten Palmenpark in Maspalomas. Die 94 Zimmer und Suiten haben große Balkone oder Terrassen. Das Mobiliar ist aus edlem Holz gefertigt. Pool und Garten sind eher klein geraten. Ausgezeichnete Hotelküche. *Tel. 928 72 31 00, Fax 928 72 31 08, www.seaside-hotels.de,* €€€

Oasis Maspalomas
Direkt am Charco de Maspalomas und strandnah gelegene Budget-Apartmentanlage mit mehreren Häusern. *91 Apt., Tel. 928 14 19 52, Fax 928 14 15 56, www.oasismaspalomas.com,* €–€€

Insider Tipp **Palm Beach**
Architekt Alberto Pinto verwandelte den Bau zum ersten Designhotel der Insel. 328 Zimmer wurden mit grellen Farben, Chrom, Marmor und witzigen Accessoires im 70er-Jahre-Stil aufgepeppt. Lobby, Bar und Restaurants schwärmen im Retrolook. Toller Garten, Pools, Wellness. Strandnähe. Klasse! *Tel. 928 72 10 32, Fax 928 14 18 08, www.hotel-palm-beach.com,* €€€

Park- und Sporthotel Los Palmitos
Das Tennishotel liegt 10 km von Maspalamos entfernt im wildromantischen *Barranco de Palmitos.* Es bietet neben sechs Tennisplätzen, schönem Garten und Pool eine familiäre Atmosphäre und absolute Ruhe. *47 Zi., Tel. 928 14 21 00, Fax 928 14 11 14, www.lospalmitos.com, Barranco de Palmito 22,* €€–€€€

Ríu Palace Meloneras
Ein mächtiges Tophotel in blendendem Weiß. Großzügige Gartenanlagen, mehrere Pools und 144 Bungalows, die sich unaufdringlich ins Gelände integrieren. *303 Zi., Tel. 928 14 31 82, Fax 928 14 25 44, www.riu.com,* €€€

FREIZEIT & SPORT

Dunas de Maspalomas
★ Die Dünen von Maspalomas sind eines der großartigsten Naturphänomene Gran Canarias. 1,5 km weit stoßen sie an ihrer breitesten Stelle ins Landesinnere vor; 418 ha Sand, durchsetzt mit einer eigenen Flora, die seit 1987 unter Naturschutz steht. Die Dünen bestehen vor allem aus von der Brandung zerriebenem, angespültem Korallen- und Muschelkalk. Und sie wandern. Im Schneckentempo von 2 bis 5 m pro Jahr kriechen sie nach Westen, angeschoben vom steten Nordostpassat. Erst mit größerer Distanz zum Meer stoppen stärkerer Pflanzenwuchs und abflauender Wind diese Bewegung. Im Westen werden die Dunas vom *Charco de Maspalomas* begrenzt, Insider Tipp

Die Dünen von Maspalomas stehen seit 1987 unter Naturschutz

einem Brack- und Süßwassertümpel, in dem u. a. Reiher, Enten, Moorhühner und Regenpfeifer Station machen – ein auf den Kanaren einzigartiger Rastplatz für Zugvögel (gute Infotafel auf der Promenade). Seit auch er geschützt ist, sind viele der durch den Bauboom vertriebenen Tiere wieder zurückgekehrt und brüten im Schilf und in den Binsen am Ufer. Fische haben sich angesiedelt, Algen und Gräser zeigen an, dass das Wasser sauberer geworden ist.

Insider Tipp **Gran Spa Corralium**
Das neue Wellnesszentrum im Hotel Costa Meloneras glänzt mit exklusiver Ausstattung und einer Vielfalt an Fitnessgeräten, Bädern, Saunen, Ruhezonen, Beauty- und medizinischen Anwendungen. *Tgl. 9–22 Uhr, Tel. 928 12 81 00, Spa ab 40 Euro (2 Std.)*

Playa de Maspalomas
Der Sandstrand ist die westliche Verlängerung der Playa del Inglés und liegt vor den sich auftürmenden Dünen. Erwähnenswert sind der nicht so überlaufene FKK-Strand (ca. 2 km östlich) mit Liegen und Sonnenschirmen und die *goros* genannten Steinburgen, die vor dem Wind schützen, der hier oft stark bläst (Signalflaggen beachten: Rot heißt Baden verboten, Gelb heißt Vorsicht, Grün heißt Baden ungefährlich). Gegen Ende der Playa unterhalb der Hotels wird es wieder belebter. Für Kinder gibt es ein Klettergerüst. Der Strand läuft in einer kleinen Felsformation aus. Dahinter liegen viele Lokale und auch gute sanitäre Anlagen der Stadt *(balneario municipal)*, die man gegen geringe Gebühr nutzen kann.

ZIEL IN DER UMGEBUNG

Las Meloneras **[118 A6]**
Hier entsteht eine Urlauberstadt mit Supermärkten, Bungalows und Kongresszentrum. Vieles ist schon fertig gestellt. Trotzdem ist die Zone noch sehr leblos. Unterhalb davon liegt ein unsauberer, steiniger Strand. *1 km*

MOGÁN

[116 C2–3] Im Südwesten Gran Canarias hört die Küstenstraße auf und biegt unvermittelt nach Norden in die Berge ab. Ebenso plötzlich verändert sich die Landschaft. Auberginenfelder liegen im Talgrund, Kürbisse, Papayas und Avocados werden angebaut, riesige Weihnachtssterne recken sich empor. Bananenplantagen sind ein Kontrast zu den schroffen Steilhängen. Im März betört der Duft weißer Orangenblüten im oberen Teil der 12 km langen Schlucht. Der *Barranco de Mogán* ist das fruchtbarste Tal des Inselsüdens. Der Ort selbst (6000 Ew.), Verwaltungssitz für den Südwesten, wirkt verschlafen.

ESSEN & TRINKEN

Acaymo
Traditionslokal am Ortseingang mit schön begrünter Terrasse. Gerichte vom Holzkohlengrill. *Mo geschl., Tel. 928 56 92 63,* €€

Casa Enrique
Eines von mehreren hübschen Lokalen an der Hauptstraße. Hier sind die Preise etwas niedriger, die Gerichte etwas typischer. Gehen Sie

zum Essen ins Haupthaus rechts. *Tgl. geöffnet, Calle San José 5, Tel. 928 56 90 77, €€*

ÜBERNACHTEN

Privatzimmer im Ort und in der Umgebung. Am besten, Sie fragen in einem Lokal nach *habitaciones*.

ZIELE IN DER UMGEBUNG

Molino de Viento **[116 C3]**
Es lohnt sich, auf der Fahrt von der Küste nach Mogán in einem der kleinen Weiler entlang der Straße anzuhalten. Die Gärten gehören hier zu den schönsten der Insel. In Molino de Viento wurde das verfallene Wahrzeichen wiederhergestellt, das dem Ort seinen Namen gab: Die stattliche Windmühle ist eine der letzten Gran Canarias. *5 km*

Pajonales **[116–117 C–D2]**
Oberhalb Mogáns schlägt die Landstraße einen Bogen nach Westen. Dort zweigt geradeaus eine schmale Straße zur *Presa de las Niñas* und nach Ayacata ab. Hier beginnt die wildromantische Landschaft des größten Naturschutzgebietes Gran Canarias, Pajonales: enge Schluchten, steile Höhenzüge, weite Pinienwälder und einige Stauseen. Nach Regenfällen stürzen oft reißende Bäche zu Tal. Die abenteuerliche, nur halb asphaltierte Piste verlangt fahrerisches Können. *3 km*

PLAYA DEL INGLÉS

Karte in der hinteren Umschlagklappe

[118 B5–6] Die Megasiedlung im äußersten Inselsüden ist der Inbegriff des Massentourismus. Mittlerweile fast vollständig mit seinen Nachbarorten San Agustín und Maspalomas verschmolzen, weiß niemand genau, ob in den endlosen Apartment- und Bungalowanlagen, guten Hotels und billigen Bettenburgen nun 100 000 oder schon 120 000 Gäste unterkommen. Die Baustruktur spiegelt 40 Jahre Tourismusarchitektur, ihre Zumutungen, aber gelegentlich auch gelungene Entwürfe. Ein Labyrinth aus Straßen macht den »Strand des Engländers«, wie Playa del Inglés übersetzt heißt, nur für Insider überschaubar. Schwer vorstellbar, dass hier 1960 noch Ödnis herrschte, die ersten Urlauber wegen des trockenen Klimas aus gesundheitlichen Gründen herkamen. Als nach den Goldgräberjahren Ende der Achtziger der Markt einbrach, startete man eine Qualitätsoffensive, begrünte Straßen und Gärten neu, beleuchtete Avenidas und Parks, renovierte Hunderte Gebäude. Mit Erfolg. Wenn aus Playa del Inglés auch kein Schmuckstück geworden ist, so ist es mit seiner perfekten Infrastruktur und den herrlichen Stränden doch etwas für Leute, die im Urlaub bis auf Sonne und Meer alles wie gewohnt vorfinden wollen. Bei Buchungen sollten Sie darauf achten, strandnah unterzukommen. Sonst sind leicht 30 Minuten Fußweg zur Playa drin.

ESSEN & TRINKEN

Rías Bajas
★ *Marisquería* nennt sich das Restaurant. Meeresfrüchte und Fisch sind in dem unscheinbaren Lokal beim Einkaufszentrum Yumbo tatsächlich exquisit. *Tgl. geöffnet, Av-*

Wohlfühlen und genießen

Wellness und Therapie haben auf Gran Canaria eine lange Tradition

Schon Ende des 19. Jhs. reisten reiche Europäer nach Las Palmas, um dem nasskalten Winter zu entfliehen und unter kanarischer Sonne Kraft zu schöpfen. Unter den Begriffen Wellness, Beauty und Therapie wird diese Tradition heute wieder aufgegriffen. Im *Vital Suites Wellness Center (Tel. 928 73 02 33, www.vitalsuites.com)* in Playa del Inglés gibt es u. a. exklusive Thalasso- und Saunaeinrichtungen. Bei Patalavaca hat das *Wiedemann Gesundheitszentrum (Hotel Steigenberger La Canaria, Tel. 928 15 00 44, www.wiedemann-international.de)* jahrelange Erfahrung in chinesischer Heilkunde und Physiotherapie. In Las Palmas bietet das *Spa Center Agua Vital im Hotel Santa Catalina (Tel. 928 29 25 36)* luxuriöse Fitness- und Beautybehandlungen. Und auch im abgelegenen Puerto de las Nieves hat das gleichnamige Hotel *(Tel. 928 88 62 56)* einen kleinen Wellnessbereich.

da. de Tirajana/Avda. EE.UU., Tel. 928 76 40 33, €€–€€€

Insider Tipp

El Rincón de la Casa Vieja

Stilvolles, neu eröffnetes Restaurant in altem Landhaus mit schönem Garten und Terrasse. Toll für warme Abende. Grillspezialitäten. *Mo geschl., GC 60, 1 km, Tel. 928 77 12 49, €€*

Tenderete II

Das unscheinbare Speiselokal pflegt als eines der letzten die Klassiker der authentisch kanarischen Küche. Hier gibt es u. a. *gofio escaldado* und *puchero. So geschl., Avda. de Tirajana, Tel. 928 76 14 60, €€–€€€*

Viuda de Franco

In diesem Traditionslokal ist die Auswahl an guten Tapas an der Bar immer einen Besuch wert. *Tgl. 6.30–24 Uhr, am Kreisverkehr der Durchgangsstraße C 812, Tel. 928 76 98 28, €€*

EINKAUFEN

Fedac

Kanarisches Kunsthandwerk. *Mo bis Fr 10–14 und 16–19 Uhr, Avda. de España, Einkaufszentrum Yumbo (Gebäude des Touristenbüros)*

ÜBERNACHTEN

Residencia San Fernando

Eine der wenigen Möglichkeiten, strandnah und doch billig zu wohnen, ist diese einfache Pension im jenseits der Durchgangsstraße gelegenen Ortsteil San Fernando. *66 Zi., Calle La Palma 13, Tel. 928 76 39 06, €*

Ríu Palace

Die Architektur im Stil eines Amphitheaters und der Blick auf die

Dünen von Maspalomas machen es zum attraktivsten Hotel in Playa del Inglés. Terrassencafé, Pool. *368 Zi., Avda. de Tirajana, Tel. 928 76 95 00, Fax 928 76 98 00, www.riu.com,* €€€

Ríu Parque Cristóbal
Viele Rasenflächen lockern die großräumig angelegte und familienfreundliche Bungalowanlage auf. Pool, Kinderspielplatz und Animation. *236 Apt. Tel. 928 77 41 16, Fax 928 76 11 52, www.riu.com,* €€

FREIZEIT & SPORT

Playa del Inglés
Der Strand ist der bekannteste Gran Canarias. Er ist das Herzstück von etwa 8 km Sandstrand, die sich in sanften Rundungen von San Agustín im Osten bis zum Leuchtturm von Maspalomas im äußersten Süden hinziehen. Zugang ist der *Paseo Marítimo,* eine kilometerlange Promenade, die in der Mitte der Playa beginnt. Dort gibt es auch Parkplätze. Am Paseo liegen Souvenirgeschäfte und Lokale. Am Strand gibt es keine öffentlichen sanitären Anlagen. Eine Rotkreuzstation hilft bei Badeunfällen. Unterhalb des Paseo Marítimo liegt auf der Playa ein Sportcenter. Man kann Windsurfen *(20 Euro),* Jetski *(ab 25 Euro)* und Tretboot fahren *(15 Euro)* und Parasailing *(35 Euro).* Der Strand ist hier bei Ebbe etwa 100 m breit. Er ist sauber und hell und eignet sich auch zum Wandern hervorragend. Zum Beispiel geht es in 90 Min. zum Leuchtturm von Maspalomas. Die meisten Urlauber zieht es aber nur zu Sonne und Meer. Sonnenschirme und Liegestühle kosten 2,50 Euro. Planen schützen vor dem starken Passatwind. Alle 200 m gibt's Imbissstände mit Eis, Erfrischungen und Snacks. 2 km südlich liegt der FKK-Strand in den Dünen. Auch Leute mit Wunsch nach Ruhe ziehen sich dorthin zurück. An windigen Tagen ist die Playa del Inglés wegen heftiger Wellen und

Sonnenliegen und -schirme so weit das Auge reicht

starker Strömungen für kleine Kinder ungeeignet. Auch hier gilt: Signalflaggen beachten!

AM ABEND

Es ist kaum möglich, seriöse Empfehlungen für Abendvergnügungen zu geben. Zu vielfältig sind die Möglichkeiten. Fast für jeden wird sich etwas finden, und bei speziellen Wünschen hilft das Touristenbüro oder die Hotelrezeption. Das Angebot ist in jedem Fall stark konsumorientiert. Hunderte Restaurants werben, auch mit Livemusik, um Kunden; Cafés und Bars sind oft bis nach Mitternacht geöffnet. Je später der Abend, desto mehr konzentriert sich das Nachtleben auf die Einkaufszentren (CCs). Das *CC Yumbo* mit seinen Cafés, Kneipen und Bars ist auch Treffpunkt der Schwulenszene, im *CC Cita* fühlen sich eher ältere Semester wohl. Beliebter Treff hier das *Café Westfalia.* Im *CC Kasbah* treffen sich die Teenies an Imbissbuden und Spielautomaten. Diskos und Pubs wirken hier besonders billig. Nostalgiker finden im *H. Rock* Musik aus den 1950er- und -60er-Jahren. Nervig ist die große Schar der Anreißer, die die Leute mit äußerster Aufdringlichkeit in die jeweiligen Läden zu lotsen versucht. Gleich neben dem CC Kasbah liegt das *CC Plaza.* Die Disko *Joy Palace* ist ein Klassiker, voll im Trend liegt das ★ *Pachá,* ein immer voller Diskopub mit Publikum zwischen 20 und 40. Zwei weitere Klassiker liegen in der *Avda. de Tirajana:* Der Tanzpub *Pascha* und die Disko *Boney M* wenden sich eher an Besucher über 40. Im Freizeitzentrum *Holiday World* im Campo Internacional ziehen die beiden neuen Diskos *JPM* und *Sueño Latino* von Do bis So vor allem Teenies in ihren Bann.

AUSKUNFT

Patronato de Turismo

Okt.–Juni Mo–Fr 9–21 Uhr, Sa 9–13 Uhr, Juli–Sept. Mo–Fr 9–14 und 15–20 Uhr, Sa 9–13 Uhr. Avda. de España, CC Yumbo, Tel. 928 76 25 91 und 928 77 15 50, Fax 928 76 78 48

ZIELE IN DER UMGEBUNG

Fataga **[118 B2–3]**

Schon die Fahrt dahin durch den abenteuerlich steilen Barranco nördlich von Playa del Inglés ist ein Ereignis. Der Ort selbst, tief im Tal gelegen, ist ein intaktes Ensemble aus schindelgedeckten weißen Häusern, einer kleinen, schattigen Plaza und verwinkelten Gässchen. 1 km nördlich wurde in einem 200 Jahre alten Gut ein gemütliches Landhotel eingerichtet. Die *Finca Molino del Agua* (Insider Tipp) *(Tel. 928 17 20 89, Fax 928 17 22 44, www.molinodefataga.com, €–€€)* hat 20 individuelle Zimmer in alten Gebäuden, Pool und weite Ländereien. Im Terrassenrestaurant *(tgl. geöffnet, Tel. 928 17 23 03, €€)* gibt's beste kanarische Kost. *15 km*

Mundo Aborigen **[118 B4]**

Ebenfalls im *Barranco de Fataga* erwartet Sie die »Welt der Urbevölkerung«, ein Freiluftmuseum zu Leben und Traditionen der Altkanarier. Auf dem großen Areal wurden steinerne Rundhäuser, Höhlen, Grabstätten und Stallungen nachgebaut. Figuren illustrieren Tag-

Puerto de Mogán: die etwas andere Feriensiedlung

werk und Bräuche. Ein kleines Museum zeigt Exponate aus vorchristlicher Zeit *(tgl. 9–18 Uhr, Eintritt 12 Euro. Anfahrt über San Fernando und GC 60, nach 7 km links).* *7 km*

PUERTO DE MOGÁN

[116 B–C4] Nach der Genehmigung weiterer Bebauung hat sich der gesamte Talgrund hinter Feriensiedlung und Fischerort nun in eine gewaltige Baustelle verwandelt. Hinter einer neuen Promenade schießen Supermärkte, Apartmentkomplexe und Hotels im Disneyland-Stil aus dem Boden – Ende offen.

Puerto de Mogán war vor dem Bauboom eine kuriose Ferienstadt. So, als ob die viel gescholtenen Fremdenverkehrsplaner auf Gran Canaria ihren Kritikern einmal zeigen wollten, dass es auch anders geht. Wer touristischen Vollservice wollte und mit einem Mini-Sandstrand leben konnte, der fand im »Hafen von Mogán« (1000 Ew. und etwa 2000 Gästebetten) die gelungenste Feriensiedlung Gran Canarias. Mit viel Feingefühl hatten die Architekten das andalusische Idyll eines weißen Dorfes vor den alten Fischerort ins Meer hinaus gebaut.

Das alte Dorf selbst liegt malerisch in den Klippen der Steilküste. Arkaden verbinden ansehnliche Apartmenthäuser, die nie höher als zwei Stockwerke sind. Üppige Tropenbäume und bunte Blumenmeere verbreiten karibische Atmosphäre. Auf dem Marktplatz lauscht man beim runden Pavillon Konzerten. Entlang der Mole des Yachthafens liegen Restaurants und Kneipen dicht an dicht. Auch die Fischer der Gemeinde wurden mit ihren Booten, der kleinen Werft und der Lagerhalle in den Hafen integriert, Autos dagegen aus dem Ortskern verbannt. Viele Tagesbesucher reisen noch immer aus allen Teilen der Insel an, um zu Fuß durch das »Venedig Gran Canarias« zu flanieren.

ESSEN & TRINKEN

Eine Vielzahl von Touristenlokalen bietet für jeden Geschmack etwas. Sie sind alle eher hochpreisig, die Qualität schwankt stark.

Bodeguilla Juananańá
Eine Mischung aus bäuerlichem Trödelladen und Bodega, in der man kanarische Käsespezialitäten, Nachtisch wie Gofioeis mit Palmhonig und iberischen Schinken kaufen, aber auch Weine probieren kann. *Mo geschl., local 390, Tel. 928 56 50 44, €*

Cofradía de Pescadores
Das Lokal der »Fischerbruderschaft« liegt auf der Mole mit Blick auf den Yachthafen und den Ort. Natürlich empfiehlt sich hier Fangfrisches aus dem Meer. Gute Aus-

wahl an Kindertellern. *Tgl. geöffnet, Tel. 928 56 53 21,* **€€**

Tu Casa

Das älteste Lokal am Ort liegt am Strand und dem angrenzenden Kanal. Im Sommer isst man im hohen, überdachten Patio, im Winter auf der Terrasse unter gelben Markisen. Es gibt gute kanarische Suppen und typische Fischgerichte. *Tgl. geöffnet, Tel. 928 56 50 78,* **€–€€**

EINKAUFEN

Mercado

Jeden Freitag von 9 bis 15 Uhr findet am Ortseingang ein sehr beliebter Wochenmarkt auch mit Kleidern, Kitsch und Nippes statt.

Naturalia

Neben Naturölen sind vor allem die in Spanien beliebten Strandlatschen in großer Farbauswahl erhältlich. *Tgl. 10–13 und 16–20 Uhr, Rückfront Strandpromenade*

Insider Tipp **Viveros Mogán**

Baumschule und Gärtnerei mitten im Barranco von Puerto de Mogán. Einheimische kaufen hier Pflanzen für ihre Gärten, und Liebhaber subtropischer Flora finden hier sicher ein originelles Mitbringsel. *Mo–Fr 8–18 Uhr, Sa 8–13 Uhr, von Puerto Rico kommend 200 m vor der Kreuzung rechts in die Asphaltstraße*

ÜBERNACHTEN

Fast alle Apartments sind von November bis April unter Agenturvertrag und können nur über Reiseveranstalter pauschal gebucht werden. Das gilt auch für das einzige Hotel, den *Club de Mar.* In *Lomo Quiebre,* dem Ort an der Zufahrtsstraße nach Puerto de Mogán, liegen mehrere günstige Pensionen mit sauberen, einfachen Zimmern für Selbstversorger: *Pensión Eva (Tel. 928 56 52 35,* **€***); Pensión Lumy (Tel. 928 56 53 18,* **€***); Pensión Magali (Tel. 928 56 50 39,* **€***).*

Casa Lila Insider Tipp

Auf der dem Ort gegenüberliegenden Seite des Barrancos steht diese kleine Pension, in der auch Apartments vermietet werden. Sehr ruhige Lage. *10 Zi., Tel. und Fax 928 56 57 29,* **€**

Club de Mar

Angesichts der eng bebauten Umgebung großzügiges Hotel mit 56 hell eingerichteten Zimmern und eigenem kleinen Garten. Dazu gehören auch 30 hübsche Apartments in umliegenden Gebäuden. Als einziges Haus im Ort hat es einen Pool, der von Apartmentgästen mitbenutzt werden kann. *Tel. 928 56 50 66, Fax 928 56 54 38, www.clubdemar.com, Hotel* **€€**, *Apt.* **€**

Salvador

Verschwiegene Pension mitten im Fischerort. *12 Zi., Tel. 928 56 53 74, oder melden Sie sich im Lokal Salvador,* **€**

FREIZEIT & SPORT

Der Veranstalter *Undersea* geht mit dem gelben Unterseeboot »Yellow Submarine« von der Hafenmole aus auf Tauchfahrt. Auf der 40-minütigen Tour kann man durch große Bullaugen Gran Canarias Fischwelt beobachten *(tgl. 10–17 Uhr, 26,50 Euro, Buchung Mo–Fr 9–13 und*

16–19 Uhr, Sa 9–13 Uhr, local 389, Tel. 928 56 51 08, Fax 928 56 50 48, eigener Zubringerbus).

Am äußersten Ende des touristisch erschlossenen Gran Canaria liegt der Yachthafen *Puerto Deportivo* mit 220 Liegeplätzen. Er ist der beliebteste auf Gran Canaria und spezialisiert auf Transatlantikyachten *(Tel. 928 56 56 68, Fax 928 56 50 24).*

Puerto de Mogáns Hausstrand ist, gemessen an der Größe der entstehenden Feriensiedlung, mit gut 200 m viel zu klein und zu schmal. Allerdings wurde er mittlerweile mit frischem Sand runderneuert. Auch der Kanal direkt daneben wird jetzt regelmäßig gereinigt.

AM ABEND

Ein Bummel im Sonnenuntergang ist schon fast das Aufregendste, was Puerto de Mogán abends zu bieten hat. Hier sitzt man erst gemütlich zusammen und legt sich dann früh aufs Ohr. Im *La Taberna del Puerto* an der Promenade wird oft Jazz zum Besten gegeben. Im *El Castillete* an der Hauptstraße, tagsüber ein Touristenlokal, versammeln sich nach 21 Uhr die Einheimischen zum fröhlichen Schwof und verputzen Tapas.

ZIELE IN DER UMGEBUNG

Insider Tipp **Güigüi** **[116 A1]**

Das Juwel unter Gran Canarias' Stränden hat dem Boom des Fremdenverkehrs getrotzt. *Güigüi Grande* (»groß«) und *Güigüi Chico* (»klein«) – sie werden wie ein doppeltes französisches »ja«, also oui-oui, ausgesprochen – liegen beide am Grund der abweisenden Steilküste im Westen, deren herbe Wildheit jeden Bebauungsplan unmöglich machte. Nun schützt ein Naturpark die gesamte Zone vor einem Zugriff. Nach dreistündigem Fußmarsch in voller Sonne vom Weiler *Tasartico* aus über eine Bergkuppe (nur für gut trainierte Leute mit Wanderkarte zu empfehlen! Genaue Streckenbeschreibung im »Wanderführer Kanarische Inseln«) sind Sie da.

Das Kliff wirft weite Schatten auf Güigüí Grande. Mit 300 m ist er der kürzere der beiden Strände. Sein pudrigfeiner, dunkler Sand entschädigt für den vergossenen Schweiß. Hinter einer großen Felsnase, zunächst nicht sichtbar, folgt Güigüí Chico, ca. 600 m lang. Beide garantieren perfekten Badespaß. Wegen der starken Flut sind sie untereinander nur bei Ebbe erreichbar. Wer am Strand übernachten will, kann das nur auf Güigüí Grande tun, Güigüí Chico wird bei Flut völlig überschwemmt.

Es gibt natürlich keinerlei sanitäre Anlagen und bei Unfällen auch keine rasche Hilfe. Für Tagesausflüge (gutes Schuhwerk, Proviant, Wasser und Sonnenschutz mitnehmen!) unbedingt vorher die aktuellen Gezeiten erfragen! Katamaranausflüge (50 Euro) gehen von *Puerto Rico* und *Puerto de Mogán* aus zu den beiden Stränden. Wer privat ein Boot mieten will, muss mit 80 bis 120 Euro rechnen. *33 km*

Playa de Veneguera **[116 B3]**

Entweder zu Fuß (hin und zurück etwa 5 Std., kein Schatten) auf einer gut ausgebauten Privatstraße vom Dorf *Lomo Quiebre* über die Berge oder mit dem Auto (schlechte Piste) von der Landstraße nach

San Nicolás (Abfahrt zum Ort Las Casas de Veneguera) erreichen Sie den schönen, ca. 700 m langen, feinen, dunklen Sandstrand. In Playa de Veneguera sollte eines der größten Bauprojekte der Zukunft mit 20 000 Gästebetten realisiert werden. Ökologen haben das vorerst zu Fall gebracht. *24 km*

PUERTO RICO

[116 C5] Zugegeben, der erste Blick ist erschreckend: Zu beiden Seiten der Bucht türmen sich Bungalowanlagen die steilen Felshänge bis auf den Grat hinauf, das Tal ist völlig zugebaut. Puerto Rico (»Reicher Hafen«) ist eine der frühen Feriensiedlungen. Schon Anfang der 1970er-Jahre errichtete man hier Apartments buchstäblich auf dem Nichts, denn der Barranco bestand nur aus Geröll. Längst ist der Ort auch in die beiden Seitentäler hinübergewachsen. Etwa 30 000 Gästebetten gibt es inzwischen. Die rund 1000 Einheimischen wohnen in eigenen Häuserblocks. Wer Puerto Rico aber näher kennen lernt, weiß bald dessen gute Seiten zu schätzen: weniger Wolken als an der Südostküste, windstill wegen der geschützten Buchtlage, ein einmaliges Sportangebot und kurze Wege, wenn man nahe dem Zentrum logiert. Eine schöne Parkanlage mit altem Baumbestand und sehr gutem Kinderspielplatz im Talgrund verbindet den Strandbereich mit dem 1 km weit landeinwärts gelegenen Einkaufszentrum *(CC)*. Wegen der hervorragenden Infrastruktur ist Puerto Rico besonders für Familien mit Kindern gut geeignet.

ESSEN & TRINKEN

Fast alle Restaurants im Einkaufszentrum – von der Pizzeria über den Chinesen bis zu gehobener internationaler Küche – sind rein touristischen Zuschnitts und werben abends aggressiv um Kunden. Ähnlich sieht es in den Häfen aus. Es gibt zwei rühmliche Ausnahmen:

Los Danieles Insider Tipp

Das einfache Lokal wird gern von Arbeitern besucht. Hervorragende Fischgerichte, große Portionen. *Sa geschl., am Ende des CC, Straßenseite, Tel. 928 56 04 15,* €

Don Quijote

Die freundliche, ruhige Atmosphäre und überdurchschnittliche Qualität heben den Spezialisten für Fisch- und Fleischgerichte aus der Masse heraus. Abends Reservierung empfehlenswert. *So geschl., Puerto Base, Edificio Porto Novo, Tel. 928 56 09 01,* €€–€€€

ÜBERNACHTEN

Gloria Palace Amadores

Das neue 392-Zimmer-Hotel mit phantastischem Meerblick liegt hoch über der Steilküste. Sonnenterrassen, Pools, Wellness, Kinderbetreuung. Tipp: Zimmer im oberen Komplex sind ruhiger. Zugang zur Küstenpromenade. Strände fünf Gehminuten entfernt. *Avda. La Cornisa, Tel. 928 12 85 10, Fax 928 12 85 17, www.hotelgloriapalace.com,* €€

FREIZEIT & SPORT

In Puerto Rico gibt es nichts, was es nicht gibt. Tennis, Squash und das

Ballspiel *frontón (alle 7,50 Euro)* werden in der Parkanlage vor dem Einkaufszentrum *(tgl. 9–21 Uhr, Tel. 617 44 83 91)* gespielt. Beim Busbahnhof liegen ein Kinderspielplatz, eine Trampolinanlage *(tgl. 10.30–20 Uhr, 3 Euro für 10 Min.)* und ein Kinderbungee. Zwei gute Minigolfplätze gibt's im Park *(beide tgl. 9–24 Uhr, Eintritt ab 3,50 Euro)*, ein anderer befindet sich hinter dem Hotel Puerto Azul.

Der helle, feine, gut 300 m lange, aufgeschüttete Sandstrand Playa de Puerto Rico wird von Molen geschützt und ist daher für Kinder gut geeignet. Er ist großenteils mit Liegen *(2,50 Euro)* zugestellt und kann in der Hauptsaison manchmal die Menschen kaum fassen. Dennoch ist er auch bei Urlaubern aus Playa del Inglés sehr beliebt, weil es hier windstiller und sonniger ist. Es gibt sanitäre Anlagen, jede Menge Cafeterias und viele Angebote, sich am Strand zu vergnügen. Sie können hochseefischen *(39 Euro)* oder vom Boot aus Jetskifahren und Gleitschirmfliegen *(beides 32 Euro)*. Oder Sie mieten ein Tretboot *(8 Euro)* oder buchen einen Bananaboatride *(6 Euro)*.

AM ABEND

Livemusik und Flamencoshows gibt es mehrmals pro Woche im Restaurant *El Pirata* auf der Strandpromenade. Heimwehkranke Oldies treffen sich zu deutschem Bier vom Fass in *Oscar's Pub* gleich um die Ecke. Das Jungvolk vergnügt sich ab Mitternacht im Einkaufszentrum *CC*. Angesagt sind die Diskopubs *Donald, Snoopy, Piccadilly, Harley's* und *Covent Garden (alle im 1. Stock)*.

AUSKUNFT

Oficina de Información Turística
Mo–Fr 9–14 Uhr, Tel. 928 56 00 29, Avda. de Mogán (am Kreisverkehr)

ZIELE IN DER UMGEBUNG

Playa Amadores [116 C5]
Eine tolle ★ Küstenpromenade mit herrlichem Blick aufs Meer verbindet Puerto Rico mit der Playa Amadores, die man nach 15-minütigem Spaziergang erreicht. Der 400 m lange Strand wurde mit Sand aus kieseligem Muschelkalk aus dem Meer aufgeschüttet. Molen schützen ihn, Kinder baden ungefährdet. Es gibt Parkplätze, Mietliegen, ausgezeichnete sanitäre Anlagen sowie viele Cafés, Eisdielen und Restaurants, z. B. *La Barca (tgl. geöffnet, €€)*. Bestellen Sie *pescado fresco del día* (Fisch des Tages). Auch empfehlenswert: eine Portion des berühmten Schinkens *jamón serrano*, der hier im Dutzend von der Decke baumelt. *1 km*

Playa del Cura [116 C5]
Schmaler, 300 m langer Sandstrand mit kleiner Promenade. Verschlafene Atmosphäre, großer Pool mit Restaurant und Bar *Marina (tgl. geöffnet, €€)*. Das ruhige *Riviera Marina Hotel* liegt direkt am Strand *(220 Zi., Tel. 928 56 15 17, Fax 928 56 13 05, www.hotelriviera.de, €–€€)*. Hinter der Küstenstraße Einkaufszentrum mit Restaurants und Apartmentanlagen. *8 km*

Schiffsexkursionen
Die Linienschiffe der ★ *Líneas Salmón* verbinden Puerto Rico regelmäßig mit *Arguineguín* (20 Min.) und *Puerto de Mogán* (30

Min.). Bei den Bootsfahrten hat man die seltene Gelegenheit, Gran Canaria vom Wasser aus kennen zu lernen *(tgl. 10–16.30 Uhr, Hin- und Rückfahrt 9 Euro, Puerto Escala)*. Glasbodenboote der Linie *Blue Bird* fahren mehrmals täglich von derselben Mole nach *Puerto de Mogán (Hin- und Rückfahrt 9 Euro)*. Windjammerfahrten *(40 Euro)* und Katamaranexkursionen *(36 Euro)* dauern einen halben Tag. Zweimal wöchentlich legt die »Volcán de Tenagua« in Arguineguín zur Rundfahrt um Gran Canaria ab *(Di und Do, Dauer 7 Std., 54 Euro inkl. Essen an Bord, Abfahrt 10 Uhr, Tel. 928 30 06 00, www.naviera-armas.com)*.

Taurito **[116 C4–5]**
Unten am Meer liegt ein 250 m langer dunkler Sandstrand. Auf beiden Seiten des engen Tals ziehen sich große Hotel- und Apartmentkomplexe steil nach oben, z. B. das Hotel *Taurito Princess*, ein überdimensierter Komplex mit Panoramaaufzügen, Sonnenterrasse und Fitnessgeräten *(400 Zi., Tel. 928 56 51 80, Fax 928 56 55 66, www.princess-hotels.com, €€)*. Im Aparthotel *Lago Taurito* gegenüber sind die 250 Zimmer und Apartments gut und zweckmäßig eingerichtet *(Tel. 928 56 56 64, Fax 928 56 50 60, www.lagotaurito.com, €)*. *10 km*

Tauro **[116 C4–5]**
Die *Playa de Tauro* ist Gran Canarias letzter Freakstrand mit 200 m dunklem Sand. Abends wird auf der Playa noch gelegentlich am Lagerfeuer Gitarre gespielt, Canarios und Urlauber sitzen einträchtig bei Bier und Tapas in den Bars *Pio Pio* und *Vista Mar (€)*. Doch das Ende des Idylls ist schon besiegelt. Der Campingplatz wurde bereits verlegt. In ein bis zwei Jahren soll alles einem Golf- und Bungalowkomplex weichen. *5 km*

Vogelbäume **[116 C5]**
Ein Spaziergang ins Landesinnere führt ans Ende des Tals von Puerto Rico. Dort stehen bei einer kleinen Siedlung zwei riesige, uralte Lorbeerbäume. Schon von weitem hört man das Zwitschern Hunderter Vögel, die sich im schattigen Blattwerk vergnügen, obwohl Bauarbeiten den Charme des Ortes empfindlich stören. Bei Brunnengrabungen stieß man noch in 300 m Tiefe auf Wurzeln der Bäume. Das Restaurant *Zamora (Mo–Sa 18 bis 23 Uhr, €€)* bietet gute spanische Küche. *2 km*

Die größte Poollandschaft der Kanaren finden Sie in Taurito

SAN AGUSTÍN

Karte in der hinteren Umschlagklappe

[118 B–C5] Hier ist alles etwas ruhiger und vornehmer als in Playa del Inglés. Die Hanglagen des zum Teil steil abfallenden Ufers bieten den terrassenartig angelegten Bungalowkomplexen herrliche Aussicht aufs Meer und Schutz vor dem Passatwind. Die schon relativ alten Hotels haben großzügige Gartenanlagen. Wer im neueren Siedlungsgebiet oberhalb der Schnellstraße wohnt, freut sich über schöne Fernsicht die Küste hinunter, muss aber weitere Wege zum Strand in Kauf nehmen.

ESSEN & TRINKEN

Viele der guten Hotelrestaurants favorisieren französische Küche mit Schwerpunkt auf Meeresfrüchten. Die Preise sind entsprechend hoch.

Insider Tipp **El Puente**

Der Traumblick die beleuchtete Küste entlang macht das Restaurant zur idealen Dinnerlocation. *Di bis So 17.30–22.30 Uhr, Calle Las Dalias 3, Tel. 679 77 10 36,* €€

ÜBERNACHTEN

IFA Interclub Atlantic

Eine der älteren Apartmentanlagen, 1999 vollständig renoviert, erfreut mit weitläufiger Poollandschaft, Wasserfällen, Inseln, Brücken, Whirlpools und einer riesigen Garten- und Parkanlage. Umfangreiches Sport- und Spielangebot. Kinderfreundlich. *200 Apt., Calle Los Jazmines 2, Tel. 928 77 02 00 Fax 928 76 09 74, www.ifacanarias.es,* €€

Meliá Tamarindos

Eines der beiden Traditionshotels. Aus der weitläufigen Gartenanlage geht's direkt zum Strand. Das einzige Casino im Inselsüden liegt im Untergeschoss. *330 Zi., Calle Retama 3, Tel. 928 77 40 90, Fax 928 77 40 91, www.solmelia.com,* €€–€€€

STRÄNDE

Die *Playa de las Burras,* der »Strand der Eselinnen«, besteht aus einer 400 m langen sichelförmigen Bucht, die auf beiden Seiten von Felsen begrenzt wird. Sie ist dadurch ziemlich wellengeschützt. Auf dem feinen, hellen Sand liegen Fischerboote. Es gibt Mietliegen und Sonnenschirme, aber keine sanitären Anlagen.

Die *Playa de San Agustín,* ein 900 m langer Strand mit feinem Sand und nur mit einigen Felsen durchsetzt, ist auf beiden Seiten durch Steilküste begrenzt, die ihn im Westen von der Playa de las Burras abschneidet. Der dunkelsandige Naturstrand beginnt, schon bis 100 m breit, in einer kleinen Bucht. Es gibt keine sanitären Anlagen.

WELLNESS

Talasoterapia Canarias

Das 7000 m^2 große Wellnesszentrum liegt beim Hotel Gloria Palace. Drei Pools, Dutzende Therapieeinrichtungen, Fachpersonal und Fitnesscenter machen es zum besten der Kanaren. *Las Margeritas s/n, San Agustín, Tel. 928 12 85 00, www.hotelgloriapalace.com*

AM ABEND

Casino
Roulette, Black Jack und einarmige Banditen. Dezente Kleidung. Ausweis mitbringen! *Tgl. 20–4 Uhr, Eintritt 3 Euro, Hotel Meliá Tamarindos, Calle Retama 3*

Varieté
Anspruchsvolles Varieté-, Akrobatik- und Tanzprogramm unterhält die Gäste zwei Stunden lang. Im *Casino Palace* gegenüber dem Casino. *Di–Sa ab 22 Uhr, Eintritt 36 Euro, mit Dinner ab 21 Uhr 49,50 Euro, Reservierung im Hotel Meliá Tamarindos, Tel. 928 77 40 90*

ZIELE IN DER UMGEBUNG

Bahía Feliz **[118 C5]**
Die am östlichsten gelegene Ferienkolonie fällt durch ihre maurischen Stilelemente auf. Runde Türmchen und Kuppeln schmücken viele der Bungalowanlagen. Es gibt nur ein Hotel, ein kleines Shoppingcenter und einige Restaurants. Die Verkehrsanbindung nach Playa del Inglés ist etwas umständlich. Auf dem Hotelgelände Bahía Feliz liegt die Windsurfschule *Mistral. 3 km*

Gran Karting Club **[118 C5]**
Bei *Tarajalillo* können Sie Michael Schumacher nacheifern. Dort liegt die größte Gokartrennstrecke der Kanaren: 1650 m Rundkurs mit Schleifen und Haarnadelkurven. Es gibt auch Kleinkarts für Kinder zwischen 6 und 11 Jahren. Außerdem ist ein Rundkurs mit Elektrokarts für 3- bis 6-Jährige da und eine Cafeteria *(tgl. 10–21 Uhr, Karts 12 Euro für 8 Min., Autobahnabfahrt Tarajalillo). 1 km*

Gokartrennen auf 1650 m

Pozo Izquierdo **[119 E4]**
Hinter dem Surferstrand liegt die größte Windkraftanlage der Insel. Dort versteckt sich auch eine der letzten Meerwassersalinen Gran Canarias, die *Salina de Tenefé,* mit 365 Salzbecken *(von Pozo Izquierdo über die Asphaltstraße Richtung Windkraftanlage, am Instituto Tecnológico de Canarias vorbei, dahinter über die kurze Piste links Richtung Meer, dann nach dem Zaun links). 13 km*

Insider Tipp

Sioux City **[118 C5]**
In der Westernstadt in einem der trockenen Barrancos bei San Agustín wird die Welt Karl Mays lebendig. Zwischen originalgetreu wirkenden Holzhäusern mit Bank, Saloon, Sheriff's Office und Geschäften spielen Darsteller u. a. Szenen aus dem Wilden Westen nach: vom Bankraub und der Gangsterjagd bis zum Indianerüberfall mit Schießerei und Pulverdampf. Freitagabends wird zudem ein Barbecue mit Livemusik bis Mitternacht veranstaltet, im Eintrittspreis sind dann auch die Getränke enthalten *(Di–So 10–17 Uhr, Fr 20 Uhr, Eintritt 14 Euro, mit Barbecue 43 Euro, Cañón del Aguila, Abfahrt Playa del Aguila, Tel. 928 76 25 73). 2 km*

Zwischen Himmel und Meer

Die Touren sind in der Karte auf dem hinteren Umschlag und im Reiseatlas ab Seite 112 grün markiert

1 EINMAL RUND UM GRAN CANARIA

Bei der Fahrt rund um die Insel zeigt sie sich in ihrer ganzen Vielfalt. Vor allem im Nordwesten hat Gran Canaria ein Gesicht, das Urlauber nur selten zu sehen bekommen. Es ist grün und traditionell. Die Bewohner fernab der Tourismuszentren leben von Landwirtschaft und Fischfang. Sie können unterwegs geheimnisvolle Höhlen besichtigen, den besten Käse der Kanarischen Inseln probieren, ein stilles Tal besuchen und – vorausgesetzt, Sie sind schwindelfrei – Steilküsten erklimmen.

Etwa 240 km lang ist diese Tour. Sie nimmt einen ganzen Tag in Anspruch, denn es erwarten Sie viele kurvige Straßen. Aber es gibt auch eine Menge Rastplätze, die zu Pausen einladen. Füllen Sie also Ihren Tank, und los geht's!

Auf der Südautobahn geht es Richtung Las Palmas *(S. 29)*. Folgen Sie vor der Stadt der neuen Umgehung GC 3 und später GC 23 Richtung Gáldar bis zur GC 2. Von der nördlichen Küstenschnellstraße GC 2 haben Sie einen schönen Blick zurück auf die Hauptstadt und den Hügel der Isleta. Die Küste ist zerklüftet, der Ozean brandet mit Wucht an das strandlose Ufer. Da der Verkehr nach Guía und Gáldar stark und die Insel hier recht zersiedelt ist, sollten Sie gleich weiterfahren.

Kurz vor Guía biegen Sie etwas umständlich (Abfahrt Guía/Moya, links durch den Tunnel, beim Kreisverkehr Richtung Cuesta de Silva) ab und fahren die GC 291 hinauf zum *Cenobio de Valerón (S. 58)*. Die Höhle ist im Morgenlicht besonders eindrucksvoll. Nach deren Besuch geht es auf demselben Weg zurück zur Kreuzung und dort links nach *Guía (S. 58)*. Beim Stadtbummel sollten Sie sich die Hauptkirche und die umliegenden Straßen ansehen. Der witzige Käseladen von Santiago Gil Romero befindet sich direkt an der Durchgangsstraße. Der Meister weiht Besucher bei einer Kostprobe gern in die Geheimnisse des *queso de flor* ein.

Kurz vor Gáldar geht der Blick nach rechts zum bizarren *Pico de*

Bei Fataga können Sie diese Dromedare bestaunen und, wenn Sie mögen, zu einem Ausritt starten

Gáldar, zu den weiten Bananenplantagen und auf die nördliche Cumbre. *Gáldar (S. 54)* selbst hat einen großen Marktplatz. Im Patio des Rathauses (links) steht der größte Drachenbaum Gran Canarias *(Besichtigung nur zu Büroöffnungszeiten bis spätestens 13 Uhr).*

Zurück auf der GC 292 geht es weiter Richtung Agaete. Beim Kreisverkehr nach der Brücke können Sie rechts einen Abstecher zum Fischerdorf *Sardina del Norte (S. 59)* machen. Von dort geht es zurück. Folgen Sie dann der Landstraße GC 293 Richtung Agaete, liegt kurze Zeit später links in einer Felsenbucht die Höhle *Cueva de las Cruces (S. 55).*

Agaete (S. 56) ist ein hübscher, noch sehr ländlicher Ort. Von hier geht die Fahrt auf der GC 231 in den *Barranco de Agaete,* wo sich bald das abgeschiedenste Tal der Insel öffnet. Entlang der Straße wachsen viele einheimische Pflanzen, kleine Ortschaften schmiegen sich an den gegenüberliegenden Hang. Wer Zeit hat, sollte ein Stündchen spazieren gehen. Aber auch die Insider Tipp Autofahrt nach *Los Berrazales* bis zum Hotel Princesa Guayarmina und zurück hat ihren Reiz.

Wieder in Agaete, fahren Sie weiter in Richtung Süden. Hinter der Brücke führt rechts ein Abstecher nach *Puerto de las Nieves (S. 55).* In dem kleinen Fischerort empfiehlt es sich, im *Dedo de Dios* einzukehren, einem Restaurant mit unverstelltem Blick auf den »Finger Gottes«, die von Wind und Wetter geschliffene Felsnadel, die steil aus dem Meer ragt.

Zurück auf der GC 200, beginnt nun der wildeste Küstenabschnitt Gran Canarias. Die graubraunen Berge reichen im Westen der Insel bis an den Ozean heran und brechen dann fast senkrecht in die Tiefe ab. In mühsamer Arbeit wurden die Serpentinen in den Fels geschlagen. Dörfer gibt es hier keine. Eine Stunde lang fahren Sie zwischen Himmel und Erde, immer wieder taucht die Nachbarinsel Teneriffa im Westen auf. Am *Mirador de Balcón (S. 46)* haben Sie von der Aussichtsplattform einen tollen Blick auf die dort zackig ins Meer abfallenden Berge.

San Nicolás de Tolentino (S. 44) ist eine weitläufige Kleinstadt ohne besondere Sehenswürdigkeiten. Wer mag, kann dem Fischerort *Puerto de San Nicolás (S. 46)* einen Besuch abstatten. Sie haben damit den westlichsten mit dem Auto erreichbaren Punkt Gran Canarias erreicht.

Die Rückfahrt beginnt mit einem erst langsamen, dann immer steileren Aufstieg in die Berge. Im Tal bilden die von gewaltigen Plastikplanen gegen den Wind geschützten Tomatenplantagen ein seltsames Mosaik, Richtung Berge beeindruckt eine zerfurchte, hunderte Meter hohe Felswand. Auf der *Degollada de la Aldea* liegt der Pass in 700 m Höhe. Von hier aus windet sich rechts eine kleine Straße um den Berg hinab zum Weiler *Tasartico.* In drei Stunden können Sie von Tasartico aus die abgelegenen Strände *Güigüí Grande* und *Güigüí Chico (S. 78)* erwandern.

Vom Pass führt die Bergstraße hinab in den trockenen Südwesten, bis links die Felsformation der *azulejos* (d. h. Kacheln) auftaucht. Adern aus verschiedenfarbigem Tuffstein stoßen wie ein Wasserfall bis zur Straße vor. Auf einem Park-

Das Restaurant El Dedo de Dios in Puerto de las Nieves

platz können Sie einige Erfrischungen kaufen.

Danach gelangen Sie nach *Mogán (S. 71)* und in den gleichnamigen Barranco. An der Küste liegt *Puerto de Mogán (S. 76)* mit dem wie ein Schwalbennest am Hang klebenden Fischerort. Ein Bummel durch dessen steile Gassen ist schön; unten am Kiosk des Dorfplatzes warten leckere *churros de pescado,* ein Fischsnack, und der wohlverdiente *cortado.*

Auf der Küstenstraße GC 500 führt der Weg zuerst zur *Playa Amadores (S. 80)* und danach nach *Puerto Rico (S. 79),* das wegen seines geschützten Strandes viele Tagesgäste aus Playa del Inglés anzieht. Als Nächstes folgt *Arguineguín (S. 67),* ein rummeliger Fischerort, dem die vielen Feriensiedlungen in seiner Nähe nicht gut getan haben. Betulich geht es hingegen auf der kleinen Werft zu. Hier werden ständig mehrere Boote in Handarbeit überholt. Je nach Saison frühmorgens oder abends versammeln sich die Händler an der breiten Mole, um den heimkommenden Fischern das angelandete Meeresgetier abzukaufen. Von Arguineguín geht es zurück Richtung Playa del Inglés, entweder über die Autobahn GC 1 oder über die Küstenstraße, die an einer großen Bananenplantage und der Siedlung *El Pajar* vorbeiführt, wo Sie einfach und gut zu Abend essen können.

2 DURCH DIE WILDE CUMBRE

In die Bergwelt Gran Canarias führt diese 140 km lange Tour, für die Sie einen ganzen Tag reservieren sollten. Denn die Straßen sind eng und kurvig, stundenlanges Fahren ist daher anstrengend. Aber es gibt viele Möglichkeiten, die herrliche Aussicht

zu genießen, entspannt zu Mittag zu essen und die Insel einmal von ihrer stillen, urtümlichen Seite kennen zu lernen. Denken Sie an Pullover und Kopfbedeckung! In den Bergen ist es oft kälter und nicht so sonnig wie an der Küste.

Von *Playa del Inglés (S. 72)* geht es durch *San Fernando* auf der GC 60 hinauf in die Cumbre. Der *Barranco de Fataga (S. 75)* zeigt sich in dürrem Ocker. Nach dem Besuch des *Mundo Aborigen (S. 75),* des altkanarischen Geschichtsparks, fahren Sie auf der gewundenen Straße über einen Pass (Aussichtsplattform, Cafeteria) und wieder ins Tal hinab nach *Fataga (S. 75),* dem malerischsten Dorf der südlichen Cumbre. Kurz davor liegt links ein Dromedargehege, das Ausritte anbietet.

Die nächste Station, *San Bartolomé de Tirajana (S. 43),* liegt bereits knapp 900 m hoch. Vor Ihnen erheben sich jetzt die senkrechten Wände der Cumbre. Die Landschaft wird üppiger, es werden Aprikosen und Kartoffeln angebaut. Kurz nach *Cruz Grande* ist mit 1260 m erst einmal der höchste Punkt erreicht. Über einen Pass kommen Sie in den nächsten Barranco. Aus der Ferne blitzt das Wasser des gut gefüllten *Embalse de Chira* in der Sonne. Kurze Zeit später taucht der Weiler *Ayacata (S. 48)* zwischen vielen Mandelbäumen (herrlich ist deren Blüte im Februar) auf. Hier können Sie die erste Rast einlegen.

Danach geht es in nordöstlicher Richtung auf der GC 600 nach *Los Pechos (S. 43).* Nach einigen Serpentinen taucht der *Roque Nublo (S. 49)* auf, ein 80 m hoher Monolith, der von vielen Punkten der Cumbre aus zu sehen ist und dabei scheinbar immer wieder Aussehen und Größe verändert. Durch weitläufige Pinienwälder und an Obstplantagen vorbei kommen Sie an die Kreuzung von Cueva Grande und biegen rechts ab (GC 130) Richtung *Pico de las Nieves (S. 43).* Die »Schneespitze« ist mit 1949 m der höchste Punkt der Insel. Im Dezember und Januar schneit es hier tatsächlich gelegentlich; an geschützten Stellen können die weißen Tupfer wochenlang überstehen.

Rechts geht es auf der geteerten Straße zum höchsten Aussichtspunkt, immer am Zaun der militärischen Horchanlage entlang, deren weiße Kuppeln schon von weitem zu erspähen sind. Lassen Sie den Superblick in Ruhe auf sich wirken! Nach Süden und Osten ist es schroff und felsig, nach Norden und Westen dicht bewaldet. Bei gutem Wetter reicht die dichte Passatwolkendecke bis etwa 1700 m Höhe und schiebt sich in die Kerben der Barrancos und zwischen die Berge. Am anderen Ende stößt unvermittelt der wuchtige Kegel des Teide auf Teneriffa durch die Wolkendecke. Er ist mit 3718 m der höchste Berg Spaniens.

Nun geht es zurück zur Kreuzung von Cueva Grande und von dort geradeaus (GC 150) hinab nach *Cruz de Tejeda (S. 42).* In dunstiger Ferne liegt Las Palmas. Cruz de Tejeda ist eine touristische Exklave in sonst verträumter Umgebung. Hier werden Souvenirs aller Art verhökert. Kinder können auf niedlichen Eseln reiten; und wer mag, isst im Restaurant.

Die Abfahrt nach Tejeda (GC 15) führt durch Eukalyptusalleen; links lugt der Roque Bentaiga (1412 m) zwischen den Bäumen

Auf besondere Weise geschichtsträchtig – der Roque Bentaiga

hindurch. *Tejeda (S. 47)* ist wegen seiner Lage in 1050 m Höhe und Unverfälschtheit wohl der malerischste Ort Gran Canarias mit Minigassen, Treppen, Plätzen und einer Kirche. Der Stadtrundgang ist deshalb ein besonderes Vergnügen.

Weiter geht es auf der GC 60 Richtung Süden. Nach etwa 4 km biegen Sie rechts zum *Roque Bentaiga (S. 49)* ab. Zu Fuß gelangen Sie zum heiligen Basaltfelsen. In ihm sind Rillen zu sehen, in die Flüssigkeiten als Opfergabe gegossen wurden. In den Bergwänden befinden sich mehrere Höhlenwohnungen, die größte von ihnen ist die *Cueva del Rey (S. 49)*.

Dann folgen Sie der Straße weiter nach Süden. Kurz vor Ayacata heißt es, scharf rechts auf die GC 605 zum *Embalse Cueva de las Niñas (S. 48)* abzubiegen. Auf der wenig befahrenen Straße spürt man viel von der Einsamkeit der kanarischen Bergwelt. Der »Stausee der Mädchenhöhle« ist sicher der anmutigste auf Gran Canaria; an seinem Ufer wird gepicknickt und gecampt. Er hat allerdings in den letzten Jahren arg unter dem Regenmangel gelitten und ist meist nur spärlich gefüllt.

Abenteuerlich geht es dann auf dem letzten Teil der Tour zu. Die staubige Erdpiste in den *Barranco de Mogán (S. 71)* fordert fahrerisches Geschick. *Mogán (S. 71)* selbst ist ein netter, aber verschlafen wirkender Ort mit einigen Lokalen. Die anschließende Fahrt zur Küste führt durch das schönste Tal im Süden, den Obst- und Gemüsegarten Gran Canarias. Zur Zeit der Orangenblüte Ende März liegt ein betörender Duft über dem Tal. Pflanzenfreunde statten der großen Gärtnerei *Viveros* am Ende der Schlucht einen Besuch ab und erwerben ein blumiges Urlaubssouvenir. Auf Küstenstraße und Autobahn geht es dann zurück nach *Playa del Inglés.*

Wassersport ist der große Hit

Die besten Plätze für Ihren Lieblingssport und die wichtigsten Adressen und Websites zum Vorabinformieren

Alle Arten von Wassersport stehen auf der Insel an erster Stelle. Biken, vor allem auf den Landstraßen, ist auch bei den Canarios selbst sehr beliebt. Gleiches gilt fürs Wandern. Tennis-, Squash- und Minigolfplätze, die jedermann zugänglich sind, gibt es in allen Urlaubsorten, Fitnessstudios in Puerto Rico und Maspalomas. *Frontón,* eine Mischung aus Tennis und Squash und dem baskischen *jaialai* ähnlich, ist bei Einheimischen sehr beliebt. Es gibt Plätze in Puerto Rico und Playa del Inglés.

Wichtige Sportevents sind das international besetzte Fußballturnier in Maspalomas (Insider Tipp) im Januar, bei dem auch Bundesligaclubs antreten, die Windsurfweltcuprennen in Pozo Izquierdo im Juni, das Radrennen Copa del Mundo Anfang Dezember und am letzten Sonntag im Jahr der beliebte Volkslauf *Carrera San Silvestre* in Maspalomas.

BIKEN

Gute Kondition ist wegen der Höhenunterschiede und des Klimawechsels Voraussetzung für sportliches Fahren. Auf den wenigen flachen Strecken in Küstennähe schränkt starker Verkehr das Vergnügen ein. Straßenbiker finden gute, flache Strecken nur im Barranco de Agaete im Nordwesten und im Barranco de Arguineguín im Süden. Achtung, Helmpflicht! Mountainbiker haben im Inselsüden einige Reviere, außerdem im Gebiet des Naturschutzparks Pajonales (Insider Tipp) rund um den Embalse Cueva de las Niñas. Weitere Info geben Touristenbüros und örtliche Bikeverleiher, z. B. *Happy Biking* in *Playa del Inglés.* Dort kosten Fahrräder ab 9 Euro pro Tag (inkl. Helm, Karte, Reparaturkit). Tagestouren, auch bergabwärts, gibt's ab 42 Euro *(Tel. 928 76 68 32, Fax 928 76 68 43, www.happy-biking.com, Hotel Ifa Continental, Avda. Italia 2).*

Biker brauchen auf Gran Canaria Kraft und einen Helm

GOLF

Mehrere 9- und 18-Loch-Golfanlagen laden das ganze Jahr hindurch zum Putten und Schlagen ein. Alle verfügen über Driving Range, Clubhaus, Golfschule und Shop. Der *Real Club de Golf de Las Palmas* von 1891 ist der älteste Club auf dem Archipel. Er liegt hoch in den Bergen bei Santa Brígida in traumhafter Umgebung. Zum Spielen ist keine Clubmitgliedschaft, aber Platzreservierung nötig *(Greenfee 73 Euro, Mo–Fr 8–13 Uhr, Tel. 928 35 01 04, Fax 928 35 01 10)*. Der *Campo de Golf Maspalomas* ist flach. Auch hier muss man nicht Mitglied sein, aber im Winter ist eine Platzreservierung nötig *(Greenfee 75 Euro, tgl. 8–19 Uhr, Avda T. O. Neckermann, Tel. 928 76 25 81, Fax 928 76 82 45, www.maspalomasgolf.net)*. Hügelig ist die an der GC 1 nach Arguineguín gelegene Anlage *Salobre Golf (Greenfee 88 Euro, tgl. 10–18 Uhr, Ausfahrt Salobre Golf, Tel. 928 01 01 03, Fax 928 01 01 04, www.salobregolfresort.com)*. Die neue 9-Loch-Anlage Insider Tipp *Anfi Tauro Golf* steigt leicht zur Talmitte an und überzeugt durch niedrige Preise und wenig Andrang. Handicap-Pflicht *(Greenfee 18 Euro, tgl. 9–18 Uhr, Valle de Tauro, am Ende der GC 1, Tel. 928 12 88 40, www.anfitauro.es)*.

SEGELN

Segeln hat Tradition auf den Kanarischen Inseln. Hobbysegler finden Charteryachten in Puerto de Mogán und Playa del Inglés. Renommierteste Segelschule ist *Overschmidt* in Puerto Rico. Es gibt Kurse (ab 202 Euro) zur Erlangung aller Scheine, Mietjollen kosten 19 Euro pro Std. *(Puerto Escala, Tel. und Fax 928 56 52 92, www.segelschule-grancanaria.de)*.

TAUCHEN

Tauchschulen bieten Kurse und Exkursionen in die faszinierende Welt des Meeres an. Während Schnorchler selbst in Strandnähe kleine Fische zu sehen bekommen, können Taucher mit Sauerstoffflaschen (Scubataucher) in Begleitung auch Barrakudas und Thunfische erleben. Der Fischreichtum ist groß, die Unterwasserfauna abwechslungsreich. Die deutsche Tauchschule *Náutico* in San Agustín bietet Kurse für Anfänger bis zum Trainerschein *(Grundkurs 245 Euro, IFA Interclub Atlantic, Calle Los Jazmines 2, Tel. 928 77 81 68, Fax 928 77 87 74, www.tauchschule-nautico.com)*. PADI-Kurse und Exkursionen zu Wracks, Riffen, Höhlen und Nightdives bietet *Top-Diving* (eigene Dekompressionskammer) in Puerto Rico an *(Tauchkurse ab 115 Euro, Puerto Escala, Tel. 928 15 01 05, www.topdiving.net)*. Das Hotel *Club de Mar* ist Kontaktadresse für Tauchfreunde in Puerto de Mogán *(Tel. 689 35 20 49)*, in Arguineguín wendet man sich ans *Dive Center (Tel. 928 73 61 96)*.

WANDERN

Jahrhundertelang verbanden nur die *caminos reales* (öffentliche Wege, die direkt der Krone unterstanden) die schwer zugänglichen Dörfer. Mit Einführung der Asphaltstraßen gerieten sie in Vergessenheit. Erst durch den Tourismus erinnerte man sich ihrer. Viele sind inzwischen freigelegt und befestigt worden, einige auch leidlich mit Wegzeichen versehen. Aber nur Inselkundige sollten sich allein aufmachen, man verläuft sich nämlich sehr leicht. Eine bequeme Straßenwanderung fast ohne Autoverkehr führt von Agaete aus ins Valle de Agaete und zurück. Wanderungen Insider Tipp

Der Passatwind sorgt zuverlässig für gute Surfbedingungen

mit dem *Grupo Montañero Mogán,* einer nicht kommerziellen Gruppe wanderbegeisterter Leute aus ganz Europa, schaffen schnell Freundschaften mit unterschiedlichen Menschen. Die Gruppe unternimmt jeden Sonntagmorgen von Arguineguín aus eine Tagestour auf den schönsten Wanderstrecken der Insel *(Info und Anmeldung, auch auf Deutsch, Tel. 928 73 53 26).*

WELLENREITEN

Wellenreiter finden nur wenige gute Spots. Der beste liegt am Südende des Las-Canteras-Strandes in Las Palmas. Dort tummeln sich auch gelegentlich die Bodysurfer.

WINDSURFEN

Da der Nordostpassat zuverlässig Gran Canarias Küsten bestreicht, ist Windsurfen traditionell der Wassersport Nummer eins an den Stränden. Leihboards kosten in den Shops zwischen San Agustín und Puerto Rico ab 40 Euro pro Std. Im Winter fährt man weiter im Süden (Stärke 3–6) besser. Anfänger haben es dann leichter, vor allem in geschützten Buchten wie der von Puerto Rico. Boards hat *Overschmidt* (am Hafen). Cracks finden im Sommer im Norden (Stärke 5–9) gute Bedingungen. Bester Surfspot ist Pozo Izquierdo (Wind stets 6+). Dort trainiert auch der zwölfmalige Weltmeister Björn Dunkerbeck, dessen Surfschule etwas weiter südwestlich in Playa del Águila liegt. In seinem Windsurfingcenter gibt's Leihbretter (45 Euro pro Tag) und Service *(Anfängerkurse 170 Euro, rechts vom Parkplatz, Tel. 661 05 29 75, www.dunkerbeck-windsurfing.com).* In der Siedlung Bahía Feliz hat die deutsche Windsurfschule *Mistral* ihren Stützpunkt *(Einsteigerkurs 165 Euro, Leihbretter 60 Euro am Tag, Playa de Tarajalillo, Tel. und Fax 928 15 71 58, www.club-mistral.com).*

Spaß für die ganze Familie

Gran Canaria ist eine familienfreundliche Insel mit vielen Attraktionen auch für kleine Gäste

Kleine Gäste sind wichtige Gäste, das weiß man auf Gran Canaria. Für Kinder gibt es in den großen Ferienanlagen eigene Pools, Spielplätze, oft auch Aufsicht und Animation (bei Reisebuchung erfragen). Wind- und wellengeschützte Strände wie Playa de la Verga, Puerto Rico und Playa Amadores sind auch für kleine Kinder zum Baden gut geeignet. Supermärkte führen von Babynahrung bis zu Windeln alles Nötige. Wie kinderlieb Canarios sind, können Urlauber bei großen Festen erleben. So wählen kanarische Kinder beim Karneval ihre eigene Königin und haben eigene Umzüge mit tollen Kostümen (Infos bei den Touristenbüros).

DER NORDEN

Bodega San Juan [115 D4]

Das Weingut am Monte Lentiscal ist auch Heimat von Tieren, die dort ganz aus der Nähe bestaunt werden können. Zu sehen sind Schweine, Pferde, Strauße, Dromedare und Esel. *Mo–Sa 10–18 Uhr, Eintritt frei, Ctra. Monte Lentiscal-Bandama Nr. 68*

Im AquaSur: zwischen Palmen und Kakteen hinein ins kühle Nass

DER SÜDEN

Aquapark [116 C5]

Das Spaßbad liegt in Puerto Rico in schöner Hanglage und ist mit einem guten Dutzend abwechslungsreicher Wasserrutschen, mehreren Pools – auch für Nichtschwimmer –, Wasserspielen für Kinder, Spielplatz, Liegen und einer Cafeteria ausgestattet. Aufsicht an allen Rutschen. Achtung: Mindestalter bei den langen 12 Jahre. Gut für Kinder ab 4 Jahren. *400 m hinter dem Einkaufszentrum, tgl. 10–17.30 Uhr, Eintritt 20 Euro, Kinder 14 Euro*

AquaSur [118 A5]

Das Freizeitbad AquaSur liegt im Barranco de Palmitos hinter Maspalomas und präsentiert auf 130 000 m^2 Wasserrutschen (alle beaufsichtigt), die bis zu 150 m lang sind und z. T. mit Rafts befahren werden können. Achtung: Bei einigen Rutschen müssen die Kinder mindestens 1–1,20 m groß sein! Insgesamt gibt es 5300 m^2 Poolfläche, darunter auch ein Wellenbad. Auf einem künstlichen Fluss lässt man sich gemächlich durchs Gelände treiben. Sehr abwechslungsreich und ansprechend sind die Kinderpools mit allerlei Wasserspielen und bunten

Märchenfiguren. Es gibt weite Rasenflächen, und die Bepflanzung ist üppig. Allerdings ist das Gelände auch unübersichtlich. Kinder können schnell aus dem Blickfeld der Eltern verschwinden und sind dann nur schwer wieder aufzutreiben. Cafeterias und Bars sind selbstverständlich; Liegen, Schließfächer etc. kosten allerdings extra. Gut für Kinder ab 4 Jahren. *Tgl. 10–17 Uhr, Eintritt 21 Euro, Kinder 15 Euro, Anfahrt über GC 500 und GC 503, Wegweisung zu den Parques Temáticos folgen, bei km 3 rechts*

Banana Park **[118 A5]**

In der Bananenfinca lernen Besucher auch Avocado-, Mango-, Papaya- und andere tropische Pflanzen hautnah kennen. Esel, Kamele und Strauße gibt´s zu sehen in angenehm ruhiger, entspannter Atmosphäre. Gut erklärender Pflanzenführer! Interessant für Kinder ab 10 Jahren. *Tgl. 9.30–17 Uhr, Eintritt 7 Euro, Kinder gratis, Barranco de Palmitos, GC 503, bei km 6 links*

Dromedare

Oberhalb des Charco de Maspalomas liegt die *Dromedarstation* am Rand der Dünen **[118 B6]**. Ausritte in das Meer aus Sand kosten 10 Euro, für Kinder 6 Euro für 30 Min. *(tgl. 9–16 Uhr)*. 2 km südlich von Fataga liegt der *Camel Safari Park La Baranda* **[118 B3]** mit etwa 100 Dromedaren, darunter auch Jungtiere *(30-minütige Ausritte 16 Euro, mit Lunch 27,50 Euro, Kinder zahlen die Hälfte, tgl. 10–17 Uhr, Tel. 928 79 86 80)*.

Holiday World **[118 B5]**

Das neue Freizeitzentrum bei Maspalomas bietet neben Lokalen (lecker der Döner), Diskos und Wellnesszentrum Bowling (6 Euro), Billard und viele Attraktionen für Kids. Zentrum ist ein Jahrmarkt mit Riesenrad, Karussell, Achterbahn, Skooter etc. *(Mo–Do 18–24, Fr–Sa 17–1, So 17–24 Uhr)*. Bezahlt wird mit Punkten, die vorher gekauft werden. Für Kinder ab 6 Jahren. *Tgl. ab 10 Uhr geöffnet, Campo Internacional, Avda Touroperador TUI s/n*

Lago Taurito **[116 C4]**

Über 2000 m^2 misst die Wasserfläche der großen Poollandschaft, um die sich tropische Vegetation, Palmen, Nischen und freie Plätze gruppieren. Hinzugekommen sind Tennisplätze, ein neuer Minigolfplatz und ein Spielplatz für kleine

Ziemlich schläfrig, dieses Krokodil

Kinder. Brücken und sogar eine Hängebrücke überspannen die Seenlandschaft. Es gibt mehrere Rutschen, kleine Wasserfälle und Pools für die Kleinsten. Auf zwei großen Inseln liegen Bar und Restaurant. Sonnenschirme kosten extra. Gut für Kinder ab 8 Jahren. *Tgl. 10–18 Uhr, Eintritt 7 Euro, Kinder 3,50 Euro, mit Buffet 15 Euro, in der Ferienanlage von Taurito*

Mini Tren **[118 B5]**
Die moderne Ferienstadt Playa del Inglés in dem kleinen Zug im Stil des 19. Jhs. zu entdecken, das ist schon ein unerwartetes Erlebnis. Die Lok zieht vier kleine Waggons hinter sich her und macht eine halbstündige Sightseeingtour. Auf dem Ausflug werden die Sehenswürdigkeiten von Playa del Inglés erklärt. Man erfährt alles über die Geschichte der Dünen von Maspalomas und des Leuchtturms, tuckert an Luxushotels und den Kasbahs vorbei, den riesigen Einkaufszentren. Ein gemächliches Vergnügen für die ganze Familie. *Tgl. 10–12 und 13–19 Uhr alle 30 Min., Fahrpreis 6 Euro, Kinder 3 Euro, Abfahrt Avda. de Italia*

Ocean Park **[118 B5]**
Das Freizeitbad liegt zentral zwischen Playa del Inglés und Maspalomas und ist auch zu Fuß gut zu erreichen. Es bietet Spaß für die ganze Familie mit einem Dutzend Wasserrutschen und -röhren. Es gibt drei Pools, davon einer für Nichtschwimmer. Letzterer hat Rutschen auch für die Kleinsten. Alle werden beaufsichtigt. Die Umkleidekabinen und sanitären Anlagen sind gut. Schließfächer, Cafeteria. Liegen und Sonnenschirme müssen extra bezahlt werden. Geeignet für Kinder ab 3 Jahren. *Tgl. 10–17 Uhr, Eintritt 13 Euro, Kinder 8 Euro, Avda T. O. TUI, Campo Internacional*

Parque Palmitos **[118 A4]**
★ Der Klassiker unter den Naturparks Gran Canarias hat sich nach mehreren Vergrößerungen zum Familienpark gemausert. Hier können Sie mit Ihren Kindern die vielfältige kanarische Flora in einzigartiger Fülle bestaunen. Vielerlei exotische Vögel leben in Dutzenden Volieren, vor allem Papageien, aber auch Flamingos, Tukane, Eulen, Kolibris. Toll sind die Greifvögel, deren fliegerisches Können in einer Show vorgestellt wird. Auch Brillenkaimane sind zu sehen. Im Talgrund leben Weißhandgibbons auf einer Affeninsel. Es gibt ein Schmetterlings-, ein Orchideenhaus und ein großes Aquarium mit vielen tropischen Fischen. Tiershows sorgen für Unterhaltung, Cafeterias fürs leibliche Wohl. Alles ist sehr gut gepflegt. Den Genuss der wunderbaren Lage inmitten eines wilden, grünen Tals gibt es gratis. *Tgl. 10–17 Uhr, Eintritt 17 Euro, Kinder 12 Euro, Barranco de Palmitos, 10 km nördlich von Maspalomas, Zubringerbus einfache Fahrt 1,60 Euro, Tel. 928 14 02 76, www.aspro-ocio.com/palmitos*

Yupi Park **[118 C5]**
Der Freizeitpark in San Agustín bietet für Kinder bis 6 Jahre einen geschlossenen Bereich mit Spielgeräten aller Art *(3 Euro)* und für ältere Unterhaltung von Videogames über Trampolin bis Billard *(pro Spiel 0,50–1 Euro). Tgl. 11–24 Uhr, Einkaufszentrum San Agustín*

Angesagt!

Was Sie wissen sollten über Trends, die Szene und Kuriositäten auf Gran Canaria

Ich bin drin
Videospiele sind auch hier der Hit. Da aber die wenigsten Jugendlichen einen PC haben, trifft man sich mit Freunden in Cybercafés, um an mehreren Bildschirmen mit- und gegeneinander zu spielen – den ganzen Abend.

Musik
Kanarische Musik ist erfolgreich. Bekannteste Folkloregruppe sind Los Sabandeños, die auf neuen CDs Latinoeinflüssen stärkeres Gewicht geben. Los Gofiones sind

eher traditionell orientiert. Mestisay sind zwei aktuelle Liedermacher der Insel. Combo Dominicano und Orquesta La Cristalina spielen Merengue und Cumbias. José Antonio Ramos ist der bekannteste Timplespieler. Einen Überblick gibt die CD *Compilation La Noche de Canarias* (nur in Spanien und auf den Kanaren erhältlich).

Kreativ
Wie wichtig auch den jungen Canarios ihre Identität ist, zeigt sich in Hunderten Figuren, die in den Dörfern, vor allem aber in fast jedem Kreisverkehr zu sehen sind. Ortsansässige Künstler haben sie nach Motiven aus dem traditionellen Leben geschaffen. Die oft sehr witzigen Skulpturen stellen zum Beispiel stilisierte Fische, Eidechsen oder Mobiles dar.

Party machen
Es gilt auf den Kanaren als cool, erst ab 2 Uhr morgens die Nacht zu beginnen. Da das Geld meist knapp ist, feiern viele junge Leute freitags und samstags, vor allem in Las Palmas, gern auf öffentlichen Plätzen und natürlich am Canteras-Strand. Dabei wird mit den Freunden getrunken – meist Hochprozentiges mit Cola gemischt und von zu Hause mitgebracht.

Sport
Fußball ist der Topsport für Jungen – auf dem Platz und vor dem Fernseher. Spielen Real Madrid oder Barcelona, sind die Straßen wie leer gefegt. Seit Miguel Induraín gilt ein gutes Rennrad und Profioutfit bei Jugendlichen als sexy. Die halbe Insel quält sich am Wochenende die Bergstraßen hinauf. Bodysurfen ist, weil die Boards billig sind, ebenfalls in.

Von Anreise bis Zoll

Hier finden Sie kurz gefasst die wichtigsten Adressen und Informationen für Ihre Gran-Canaria-Reise

ANREISE

Flugzeug

Charterflüge sind am bequemsten und billigsten. Hapag Lloyd, Air Berlin und andere fliegen direkt von vielen deutschen Städten in rund vier bis fünf Stunden nach Gran Canaria. Flüge ohne Hotelbuchung kosten zwischen 300 und 450 Euro. Linienflüge sind teurer und umständlicher, da sie immer eine Zwischenlandung haben.

Der Flughafen Gando liegt 30 bis 60 Autominuten von den Ferienzentren entfernt. Von der Haltestelle an der Autobahn (300 m oberhalb des Flughafens, 5 Min. Fußweg) fahren Linien- und Schnellbusse (Linie 91, 4 bis 5 Euro) nach Puerto Rico und Puerto de Mogán. Direkt von der Flugankunft fährt alle 30 bzw. 60 Minuten ein Bus nach Las Palmas (Linie 60, 1,70 Euro) und Playa del Inglés/Maspalomas (Linie 66, 3 Euro). Eine Taxifahrt kostet nach Maspalomas ca. 24 Euro, nach Puerto Rico ca. 40 Euro und nach Puerto de Mogán ca. 50 Euro.

Schiff

Vom südspanischen Cádiz fährt jeden Dienstag um 18 Uhr die Autofähre der *Compañía Trasmediterránea* in 39 Stunden nach Las Palmas (Rückfahrt immer samstags). Die einfache Überfahrt kostet ab 215 Euro pro Person, der Transport eines PKW 176 Euro. Bei Reisen im Winter, d. h. in der Hochsaison, müssen Sie frühzeitig Plätze reservieren lassen. Buchung über Reisebüros.

AUSKUNFT

Spanisches Fremdenverkehrsamt

– *Internet: www.spain.info*
– *Kurfürstendamm 63, 10707 Berlin, Tel. 030/ 882 65 43, Fax 882 66 61, berlin@tourspain.es*
– *Grafenberger Allee 100, 40237 Düsseldorf, Tel. 0211/ 680 39 80/1, Fax 680 39 85, dusseldorf@tourspain.es*
– *Myliusstr. 14, 60323 Frankfurt a. M., Tel. 069/72 50 33, Fax 72 53 13, frankfurt@tour spain.es*
– *Schuberstr. 10, 80336 München, Tel. 089/530 74 60, Fax 53 07 46 20, munich@ tourspain.es*
– *Walfischgasse 8–14, 1010 Wien, Tel. 01/512 95 80, Fax 512 95 81*
– *Seefeldstr. 19, 8008 Zürich, Tel. 01/252 79 30, Fax 252 62 04*

Patronato de Turismo
Mo–Fr 8–15 Uhr, Calle León y Castillo 17, Las Palmas, Tel. 928 21 96 00, Fax 928 21 96 01, www.grancanaria.com

Flughafeninformation
Abflughalle Tel. 928 57 41 17
Flugauskünfte Tel. 928 57 91 38

AUTO

Die Straßen sind im Allgemeinen gut ausgebaut und sicher. Nur in Las Palmas und Playa del Inglés ist der Verkehr hektisch, in den Bergen und an der Ostküste hingegen spärlich. Allerdings wird überall dicht aufgefahren. Ärgern Sie sich nicht darüber; verhalten Sie sich lieber defensiv. Die erlaubte Höchstgeschwindigkeit innerorts liegt bei 50 km/h, auf Landstraßen bei 90 km/h und auf der Südautobahn bei 100 bzw. 120 km/h. Promillegrenze: 0,5.

BUSSE

Vom zentralen Busbahnhof *Estación de Guaguas* unter dem *Parque San Telmo* in *Las Palmas* fahren die grünen Linienbusse der *Global* häufig und zuverlässig in die Orte im Inselsüden. Die Ferienzentren werden untereinander zwischen 7 und 23 Uhr alle 15 bis 30 Min. angefahren. Die Linien 30, 50 und 91 sind Schnellbusse, die fast ohne Stopps aus dem Süden nach Las Palmas fahren. Mit Sondertickets *(tarjeta insular)* spart man 30 bis 70 Prozent des Fahrpreises (Fahrpläne bei den Touristenbüros und im *Ticketbüro im Parque San Telmo/Las Palmas, Tel. 902 38 11 10, www.guaguas.com)*. Im Norden verkehren die Busse seltener. Die Verbindungen sind umständlicher, und Sie müssen Wartezeiten einkalkulieren.

CAMPING

Wildes Zelten ist grundsätzlich verboten. Die öffentlichen Zeltplätze in den Bergen können Sie nur benutzen, wenn Sie eine Genehmigung eingeholt haben durch das *Centro Cultural y Medio Ambiente (Domingo J. Navarro 1–3°, Tel. 928 38 41 65, Fax 928 36 71 24)*.

In *Tauro* liegt der Campingplatz *Guantánamo* 1 km taleinwärts hinter der Durchgangsstraße *(GC 500, km 76, Tel. 928 56 20 98)*. Beim Bergdorf *Temisas* können Sie in völliger Abgeschiedenheit beim gleichnamigen Campingplatz *(Ctra. Agüimes – Santa Lucía, km 9, Tel. 928 79 81 49)* zelten. Ebenfalls weit ab vom Schuss, aber in Meernähe im äußersten Westen liegt *Camping Tasartico (Tasartico, Tel. 928 89 04 93)*.

DIPLOMATISCHE VERTRETUNGEN

Deutschland
Mo–Fr 9–12 Uhr, Calle Albareda 3, Las Palmas, Tel. 928 49 18 80, Fax 928 26 27 31

Österreich
Mo–Fr 10–13 Uhr, Hotel Eugenia Victoria, Avda. de Gran Canaria 26, Playa del Inglés, Tel. 928 76 25 00, Fax 928 76 22 60

Schweiz
Mo–Fr 9–13 Uhr, Calle Domingo Rivero 2, Las Palmas, Tel. 928 29 34 50, Fax 928 29 00 70

EINREISE

Reisepass bzw. Personalausweis reichen. Bei Einreise aus EU-Ländern gibt es keine Passkontrolle. Kinder ab 14 Jahren benötigen eigene Ausweise.

FKK

Oben ohne wird überall toleriert, FKK ist aber nur im mittleren Abschnitt der *Playa de Maspalomas* üblich.

GELD & PREISE

Unübersehbar ist, dass die Euroumstellung auf den Kanarischen Inseln die Preise in den Touristikzentren auf deutsches Niveau und noch höher katapultiert hat. Selbst in einer Pizzeria wird eine Familie locker 50 Euro für eine gute Mahlzeit los.

Da dennoch nicht automatisch die Qualität stieg, sollte man sich die Karte seines Mittagslokals und Dinnerrestaurants gut anschauen, bevor man eintritt. Besonders dreist langen Freizeitparks zu; der Eintritt ohne Extras beträgt für eine vierköpfige Familie oft schon gut 70 Euro. Doch Sie können sich wehren: zum Beispiel einfach nicht hingehen bzw. sich ein anderes Lokal suchen.

Die Preise für Dienstleistungen sind trotz Euro immer noch deutlich niedriger als bei uns, ebenso die in Lokalen mit nicht touristischem Charakter. Dort kostet ein Tagesgericht nur ca. 5 Euro, halb so viel wie in den Ferienzentren. Spirituosen und Kosmetikartikel, besonders aber Tabakwaren sind billig. Gleiches gilt für rezeptfreie Medikamente. Lebensmittel, besonders importierte (und das sind die meisten), sind teilweise aber recht teuer.

An Geldautomaten bekommen Sie mit Ihrer EC- oder Kreditkarte Bargeld. Die Banköffnungszeiten variieren, üblich sind Mo–Fr 8.30–14 Uhr, Sa 8.30–13 Uhr, gelegentlich zusätzlich Do 17.30 bis 19.30 Uhr. In fast allen Hotels, vielen Geschäften, Restaurants und Tankstellen werden Kreditkarten akzeptiert.

GESUNDHEIT

Es gibt keine gefährlichen Tiere auf der Insel. Urlauber unterschätzen gelegentlich die Belastung durch das andere Klima. Das größte Risiko birgt die starke Sonne (auch unter Wolken, auch im Winter). Zum Zähneputzen und Kaffeekochen nehmen Sie am besten Mineralwasser. Wer das Formular E 111

Was kostet wie viel?

Taxi	**65 Cent** pro gefahrenen km
Kaffee	**90 Cent** für eine Tasse Milchkaffee
Snack	**ab 2,50 Euro** für eine Tapa
Wein	**1,50 Euro** für ein Glas Wein
Benzin	**57 Cent** für einen Liter Eurosuper
Ausritt	**10 Euro** für einen Dromedarritt in Maspalomas

seiner Krankenkasse dabeihat, wird von Ärzten in Ambulatorien und Kliniken, die der *Seguridad Social* angeschlossen sind, kostenfrei behandelt. Andernfalls sollten Sie eine detaillierte Rechnung verlangen, um sich zu Hause die Auslagen erstatten lassen zu können.

Las Palmas: Clínica de Urgencias, Calle León y Castillo 407, Tel. 928 49 99 00; Playa del Inglés/ Maspalomas/San Agustín: Clínica Roca, San Agustín; Calle Buganvilla 1, Tel. 928 76 90 04; Allgemeinmediziner: Dr. Martins, Edificio Mercurio II, Tel. 928 76 30 07; Zahnärzte: Grupo Médico, Avda. Touroperador Neckermann 22–24, Tel. 928 76 33 66; Puerto Rico/ Puerto de Mogán: Atlantic Clinic, Calle Olímpicos Doreste y Molina, Tel. 928 56 13 55; Zahnarzt Dr. San Martín, Calle Roca-Bosch 8, Tel. 928 56 13 21.

Apotheken führen alle gängigen Medikamente. Sie sind Mo–Fr 9–13 und 16–19 Uhr, Sa 9–13 Uhr geöffnet. Das Schild *Farmacia de Guardia* weist auf die nächste Apotheke mit Notdienst hin.

INTERNET

Vor allem Hotels, Firmen und Veranstalter informieren ihre Kunden auch im Internet. Sie alle tummeln sich unstrukturiert im Web und sind jeweils nur einzeln über Suchmaschinen zu finden. Unter *www.canary-island.com* finden Sie umfangreiche Informationen von Hotels bis Sport, auch durch Webcams. *www.canariasonline.com* gibt viele Informationen, u. a. über Unterkünfte. Im Stil einer Onlinezeitung bietet *www.gran-canaria.com* ein breites Serviceangebot (Adressen, Mietwagen, Wetter etc.). Auf der Website des Touristenbüros *www.turismograncanaria.com* finden Sie allgemeine Informationen zur Insel. Unter *www.maspalomas-web.org* können Sie sich u. a. über das aktuelle Wetter am Urlaubsort unterrichten. Alle Websites gibt es auch auf Deutsch.

INTERNETCAFÉS

Las Palmas

Im *Museo Elder* stehen zwölf Internetzugänge für Besucher zur Verfügung, *Di–So 10–20 Uhr, Eintritt 3 Euro, Plaza Santa Catalina, Tel. 828 01 18 28, www.museoelder.org*

Playa del Inglés

Free Motion, Hotel Sandy Beach, local 9, tgl. 9–21 Uhr, Tel. 928 77 74 79, www.free-motion.net

Internet, Avda. de Tirajana 11, tgl. 10–22 Uhr, Tel. 928 77 36 22, www.ciberbeach.com

Puerto Rico

Salón Recreativo New York, am Ende des Einkaufszentrums, tgl. 10.30–23.30 Uhr

KLIMA & REISEZEIT

Im regen- und wolkenarmen Süden fallen die Temperaturen auch im Winter selten unter 19 Grad und steigen kaum über 24 Grad. Im Sommer werden jedoch häufig wochenlang 30 und mehr Grad gemessen. Die Temperaturen in den Bergen sind niedriger. Oberhalb 500 m kann es nachts und im Winter bei schneidenden Winden oft empfindlich kalt werden. Da die Wassertemperaturen stets zwischen 18 und 23 Grad liegen, lädt das Meer 365 Tage im Jahr zum Baden ein. Beste Reisezeit sind die Monate November bis März.

MEDIEN

Über Kabelnetze und Satellitenantennen können in vielen Hotel- und Apartmentanlagen deutsche Fernsehprogramme und eine Reihe internationaler Sender empfangen werden. Die *Deutsche Welle* sendet 24 Stunden täglich Radioprogramm auf mehreren Kurzwellenfrequenzen. *Anfi Radio* sendet auf UKW 100,4 ein deutschsprachiges Programm, auch Nachrichten. Die deutsche Wochenzeitung *Info Canarias* bekommen Sie an allen Zeitungsständen.

MIETWAGEN

Mietwagenfirmen sind im Flughafen, in allen Ferienzentren und vielen Hotels vertreten. Ein Kleinwagen kostet ab ca. 20 Euro pro Tag (inkl. Steuern und Vollkaskoversicherung). Geländewagen, Motorräder und Trikes sind erheblich teurer. Um ein Fahrzeug zu mieten, müssen Sie mindestens 21 Jahre alt sein und ein Pfand hinterlegen. Angebote für Mietwagen finden Sie unter *www.marcopolo.de.*

NOTRUF

Sammelnummer: *Tel. 112.* Dort werden Notfälle (Polizei, Feuer, Ambulanz, Unfall) aufgenommen und weitergeleitet, auch auf Deutsch.

STROM

220 Volt Wechselstrom. Es passen die bei uns üblichen zweipoligen Flachstecker.

TAXI

Taxis sind weiß und haben ein Dachschild mit grüner Leuchte. Alle sind lizenziert und mit Taxameter ausgestattet. Er muss vor jeder Fahrt eingeschaltet werden. Bei Rundfahrten sollten Sie den Preis unbedingt vorher vereinbaren.

TELEFON & HANDY

Nach Hause telefonieren können Sie in jeder Telefonzelle, die den Vermerk *internacional* trägt. Ein Drei-Minuten-Gespräch ins Ausland kostet ab etwa 2 Euro. Am preiswertesten ist es aus Telefonzellen ab 20 Uhr.

Handybenutzern wird für ihren Kanaren-Aufenthalt keine günstige Alternative für ihr Mobiltelefon angeboten. Die Minutentarife für Telefonate nach Hause variieren je nach Tageszeit und Gesprächsdauer zwischen 1 und 3 Euro. Auch empfangene Anrufe kosten ca. 1 Euro pro Min.

Vorwahlen: Deutschland 0049, Österreich 0043, Schweiz 0041, Gran Canaria 0034.

ZEIT

Auf den Kanaren ist es ganzjährig eine Stunde früher als bei uns.

ZOLL

Die Kanarischen Inseln haben einen besonderen Steuerstatus. Deshalb gelten bei der Rückreise Höchstgrenzen: Sie dürfen 200 Zigaretten oder 50 Zigarren oder 250 g Tabak, 1 l Spirituosen, 2 l Wein, 50 g Parfum mitnehmen.

Wetter in Las Palmas

	Jan.	Feb.	März	April	Mai	Juni	Juli	Aug.	Sept.	Okt.	Nov.	Dez.
Tagestemperaturen in °C	21	22	22	22	23	24	25	26	26	26	24	22
Nachttemperaturen in °C	14	14	15	16	17	18	19	21	21	19	18	16
Sonnenschein Std./Tag	6	6	7	8	9	9	9	9	8	7	6	5
Niederschlag Tage/Monat	6	3	3	2	1	1	1	1	1	4	6	6
Wassertemperaturen in °C	19	18	18	18	19	20	21	22	23	23	21	20

¿Hablas español?

»Sprichst du Spanisch?«
Dieser Sprachführer hilft Ihnen, die wichtigsten Wörter und Sätze auf Spanisch zu sagen

Zur Erleichterung der Aussprache:

c	vor »e« und »i« spricht man auf den Kanaren wie ein »s«
ch	stimmloses »tsch« wie in »tschüss«
g	vor »e, i« wie deutsches »ch« in »Bach«
gue, gui/que, qui	das »u« ist immer stumm, wie deutsches »g«/»k«
j	immer wie deutsches »ch« in »Bach«
ll, y	wie deutsches »j« zwischen Vokalen. Bsp.: Mallorca
ñ	wie »gn« in »Champagner«

AUF EINEN BLICK

Ja./Nein.	Sí./No.
Vielleicht.	Quizás./Tal vez.
In Ordnung./Einverstanden!	¡De acuerdo!/¡Está bien!
Bitte./Danke.	Por favor./Gracias.
Vielen Dank!	Muchas gracias.
Gern geschehen.	No hay de qué./De nada.
Entschuldigung!	¡Perdón!
Wie bitte?	¿Cómo dice/dices?
Ich verstehe Sie/dich nicht.	No le/la/te entiendo.
Ich spreche nur wenig …	Hablo sólo un poco de …
Können Sie mir bitte helfen?	¿Puede usted ayudarme, por favor?
Ich möchte …	Quiero …/Quisiera …/Me gustaría …
Das gefällt mir (nicht).	(No) me gusta.
Haben Sie …?	¿Tiene usted …?
Wie viel kostet es?	¿Cuánto cuesta?

KENNENLERNEN

Guten Morgen!	¡Buenos días!
Guten Tag!	¡Buenos días!/¡Buenas tardes!
Guten Abend!	¡Buenas tardes!/¡Buenas noches!
Hallo! Grüß dich!	¡Hola! ¿Qué tal?
Ich heiße …	Me llamo …
Wie ist Ihr Name, bitte?	¿Cómo se llama usted, por favor?
Wie geht es Ihnen/dir?	¿Cómo está usted?/¿Qué tal?

Danke. Und Ihnen/dir?	Bien, gracias. ¿Y usted/tú?
Auf Wiedersehen!	¡Adiós!
Tschüss!	¡Adiós!/¡Hasta luego!
Bis morgen!	¡Hasta mañana!

UNTERWEGS

Auskunft

links/rechts	a la izquierda/a la derecha
geradeaus	todo seguido/derecho
nah/weit	cerca/lejos
Wie weit ist das?	¿A qué distancia está?
an der Ampel	al semáforo
an der nächsten Ecke	en la primera esquina
Bitte, wo ist …	Perdón, ¿dónde está …
… der Busbahnhof?	… la estación (de guaguas)?
… die Haltestelle?	… la parada?
Fahrplan	horario
Eine Fahrkarte nach … bitte.	Un billete para …, por favor.
Ich möchte hier aussteigen.	Quiero bajar aquí.
Ich möchte … mieten.	Quisiera alquilar …
… ein Auto…	… un coche.
… ein Boot…	… un barco.

Panne

Ich habe eine Panne.	Tengo una avería.
Würden Sie mir bitte einen Abschleppwagen schicken?	¿Puede usted enviarme un cochegrúa, por favor?
Gibt es hier in der Nähe eine Werkstatt?	¿Hay algún taller por aquí cerca?

Tankstelle

Wo ist bitte die nächste Tankstelle?	¿Dónde está la gasolinera más cercana, por favor?
Ich möchte … Liter …	Quisiera … litros de …
… Normalbenzin.	… gasolina normal.
… Super./… Diesel.	… súper./… diesel.
Voll tanken, bitte.	Lleno, por favor.

Unfall

Hilfe!	¡Ayuda! / ¡Socorro!
Achtung!	¡Atención!
Rufen Sie bitte schnell …	Llame enseguida …
… einen Krankenwagen.	… una ambulancia.
… die Polizei.	… a la policía.
… die Feuerwehr.	… a los bomberos.

Haben Sie Verbandszeug?	¿Tiene usted botiquín de urgencia?
Es war meine Schuld.	Ha sido por mi culpa.
Es war Ihre Schuld.	Ha sido por su culpa.
Geben Sie mir bitte Ihren Namen und Ihre Anschrift.	¿Puede usted darme su nombre y dirección?

ESSEN/UNTERHALTUNG

Wo gibt es hier …	¿Dónde hay por aquí cerca …
… ein gutes Restaurant?	… un buen restaurante?
… ein nicht zu teures Restaurant?	… un restaurante no demasiado caro?
Reservieren Sie uns bitte für heute Abend einen Tisch für vier Personen.	¿Puede reservarnos para esta noche una mesa para cuatro personas?
Die Speisekarte, bitte.	La carta, por favor.
Könnte ich bitte ... haben?	¡Tráigame..., por favor!
… ein Messer?	… un cuchillo?
… eine Gabel?	… un tenedor?
… einen Löffel?	… una cuchara?
Auf Ihr Wohl!	¡Salud!
Bezahlen, bitte.	¡La cuenta, por favor!

EINKAUFEN

Wo finde ich …	Por favor, ¿dónde hay …
... eine Apotheke?	... una farmacia?
... eine Bäckerei?	... una panadería?
... ein Fotogeschäft?	... una tienda de artículos fotográficos?
... ein Einkaufszentrum?	... un centro comercial?
... ein Lebensmittelgeschäft?	... una tienda de comestibles?
... den Markt?	... el mercado?

ÜBERNACHTUNG

Können Sie mir bitte … empfehlen?	Perdón, señor/señora/señorita. ¿Podría usted recomendarme …
… ein Hotel...	… un hotel?
… eine Pension...	… una pensión?
Ich habe ein Zimmer reserviert.	He reservado una habitación.
Haben Sie noch …	¿Tienen ustedes …?
… ein Einzelzimmer?	… una habitación individual?
… ein Zweibettzimmer?	… una habitación doble?
… mit Dusche/Bad?	… con ducha/baño?
… für eine Nacht?	… para una noche?

… für eine Woche?	… para una semana?
… ein ruhiges Zimmer?	… una habitación tranquila?
Was kostet das Zimmer mit …	¿Cuánto cuesta la habitación con …
… Frühstück?	… desayuno?
… Halbpension?	… media pensión?

PRAKTISCHE INFORMATIONEN

Arzt

Können Sie mir einen guten Arzt empfehlen?	¿Puede usted indicarme un buen médico?
Ich habe hier Schmerzen.	Me duele aquí.
Ich habe …	Tengo …
… Kopfschmerzen.	… dolor de cabeza.
… Zahnschmerzen.	… dolor de muelas.
… Durchfall.	… diarrea.
… Fieber.	… fiebre.

Post

Was kostet …	¿Cuánto cuesta …
… ein Brief …	… una carta …
… eine Postkarte …	… una postal …
… nach Deutschland?	… para Alemania?
Eine Briefmarke, bitte.	Un sello, por favor.

ZAHLEN

0	cero	19	diecinueve
1	un, uno, una	20	veinte
2	dos	21	veintiuno, -a, veintiún
3	tres	22	veintidós
4	cuatro	30	treinta
5	cinco	40	cuarenta
6	seis	50	cincuenta
7	siete	60	sesenta
8	ocho	70	setenta
9	nueve	80	ochenta
10	diez	90	noventa
11	once	100	cien, ciento
12	doce	200	doscientos, -as
13	trece	1000	mil
14	catorce	2000	dos mil
15	quince	10000	diez mil
16	dieciséis		
17	diecisiete	1/2	medio
18	dieciocho	1/4	un cuarto

Reiseatlas Gran Canaria

Die Seiteneinteilung für den Reiseatlas finden Sie auf dem hinteren Umschlag dieses Reiseführers

total relaxed in den urlaub: einsteiger-übung

1. lehnen sie sich entspannt zurück und gleiten sie in gedanken zu den cleveren angeboten von holiday autos. stellen sie sich vor, als weltgrösster vermittler von ferienmietwagen bietet ihnen holiday autos

- mietwagen in über 80 urlaubsländern
- zu äusserst attraktiven preisen

2. vergessen sie jetzt die üblichen zuschläge und überraschungen. dank

- alles inklusive tarife
- wegfall der selbstbeteiligung
- und min. 1,5 mio € haftpflichtdeckungssumme (usa: 1,1 mio €)

steht ihr endpreis bei holiday autos von anfang an fest.

3. nehmen sie ganz ruhig den hörer, wählen sie die telefonnummer **0180 5 17 91 91** **(12cent/min)**, surfen sie zu **www.holidayautos.com** oder fragen sie in ihrem reisebüro nach den topangeboten von holiday autos!

kein urlaub ohne holiday autos

Kartenlegende Reiseatlas

Deutsch	Symbol	English
Autobahn · Gebührenpflichtige Anschlussstelle · Gebührenstelle · Anschlussstelle mit Nummer · Rasthaus mit Übernachtung · Raststätte · Kleinraststätte · Tankstelle · Parkplatz mit und ohne WC	Trento 11 P P	Motorway · Toll junction · Toll station · Junction with number · Motel · Restaurant · Snackbar · Filling-station · Parking place with and without WC
Autobahn in Bau und geplant mit Datum der Verkehrsübergabe	Datum Date	Motorway under construction and projected with completion date
Zweibahnige Straße (4-spurig)		Dual carriageway (4 lanes)
Fernverkehrsstraße · Straßennummern	14 E45	Trunk road · Road numbers
Wichtige Hauptstraße		Important main road
Hauptstraße · Tunnel · Brücke		Main road · Tunnel · Bridge
Nebenstraßen		Minor roads
Fahrweg · Fußweg		Track · Footpath
Wanderweg (Auswahl)		Tourist footpath (selection)
Eisenbahn mit Fernverkehr		Main line railway
Zahnradbahn, Standseilbahn		Rack-railway, funicular
Kabinenschwebebahn · Sessellift		Aerial cableway · Chair-lift
Autofähre		Car ferry
Personenfähre		Passenger ferry
Schifffahrtslinie		Shipping route
Naturschutzgebiet · Sperrgebiet		Nature reserve · Prohibited area
Nationalpark, Naturpark · Wald		National park, natural park · Forest
Straße für Kfz. gesperrt		Road closed to motor vehicles
Straße mit Gebühr		Toll road
Straße mit Wintersperre	XII-II	Road closed in winter
Straße für Wohnanhänger gesperrt bzw. nicht empfehlenswert		Road closed or not recommended for caravans
Touristenstraße · Pass	Weinstraße 1510	Tourist route · Pass
Schöner Ausblick · Rundblick · Landschaftlich bes. schöne Strecke		Scenic view · Panoramic view · Route with beautiful scenery
Heilbad · Schwimmbad		Spa · Swimming pool
Jugendherberge · Campingplatz		Youth hostel · Camping site
Golfplatz · Sprungschanze		Golf-course · Ski jump
Kirche im Ort, freistehend · Kapelle		Church · Chapel
Kloster · Klosterruine		Monastery · Monastery ruin
Schloss, Burg · Schloss-, Burgruine		Palace, castle · Ruin
Turm · Funk-, Fernsehturm		Tower · Radio-, TV-tower
Leuchtturm · Kraftwerk		Lighthouse · Power station
Wasserfall · Schleuse		Waterfall · Lock
Bauwerk · Marktplatz, Areal		Important building · Market place, area
Ausgrabungs- u. Ruinenstätte · Bergwerk		Arch. excavation, ruins · Mine
Dolmen · Menhir · Nuraghen		Dolmen · Menhir · Nuraghe
Hünen-, Hügelgrab · Soldatenfriedhof		Cairn · Military cemetery
Hotel, Gasthaus, Berghütte · Höhle		Hotel, inn, refuge · Cave
Kultur		**Culture**
Malerisches Ortsbild · Ortshöhe	WIEN (171)	Picturesque town · Elevation
Eine Reise wert	★★ MILANO	Worth a journey
Lohnt einen Umweg	★ TEMPLIN	Worth a detour
Sehenswert	Andermatt	Worth seeing
Landschaft		**Landscape**
Eine Reise wert	★★ Las Cañadas	Worth a journey
Lohnt einen Umweg	★ Texel	Worth a detour
Sehenswert	Dikti	Worth seeing
Ausflüge & Touren		**Excursions & tours**

A
B
C
1
2
3
4
5
6
2km
Santa Cruz de Tenerife 1h
Punta
Punta de Sardina
Roque Par
Punta Marq
Punta del Cardonal
Punta del Tumas
Puerto de las Nieves
O C É A N O
A T L Á N T I C O
Dedo de Dio
Playa de Guayedra
Playa de Sotavento
Punta de la Palma
Playa Segura
La Laja del Risco
1025
Cruz del Tabaibal
Playa del Risco
El Risco
Punta Góngora
Los Llanitos
39
Parque
Casas de Tirma
Andén Verde
GC200
La Fajana
Mirador de Balcón
Punta de la Aldea
Carrizo
493
Casas de Lentisco
1015
de Tamadaba
Caserones
Puerto de San Nicolás
Playa de la Aldea
Punta de los Agujeros
Las Marciegas
Albercón
Embalse de San Nicolás
819
San Nicolás de Tolentino
Los Espinos
GC21
Roque Colorado
790
Amurgar
Barranco de la Aldea
Los Molinos
Embalse Caidero de la Niña
Punta de la Soga
Cas de Pino Gordo
Embalse de Siberia
Artejévez
Viso
997
Montaña de la Fuen
Punta del Peñíon Bermejo
Tocodomán
Barranco de las Casillas
Mña de las Monjas
1471
Punta de Güigüi Chico
Mña de Horgazales
1042
Playa de Güigüi
Degollada de Tas
579
Degollada de la Aldea
1426
21
Inagua
996

116

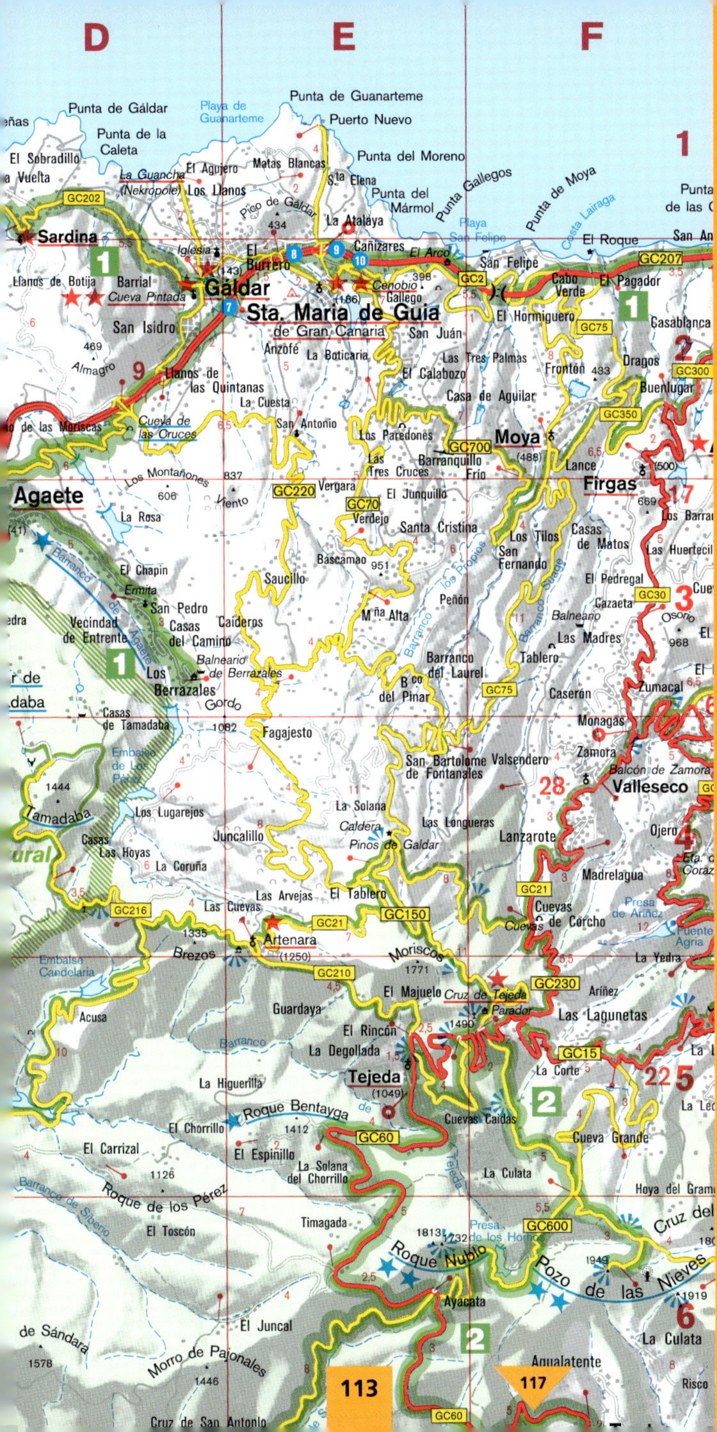
D
E
F
Punta de Gáldar
Playa de Guanarteme
Punta de Guanarteme
Puerto Nuevo
Punta de la Caleta
El Sobradillo
La Guancha (Nekropole)
El Agujero
Matas Blancas
Punta del Moreno
Los Llanos
Sta Elena
Punta del Mármol
Punta Gallegos
Punta de Moya
Pico de Gáldar
La Atalaya
Sardina
Iglesia
El Burrero
Cañizares
El Arco
San Felipe
El Roque
Llanos de Botija
Barrial
Cueva Pintada
Gáldar
Sta. María de Guía
de Gran Canaria
Cenobio
Gallego
Cabo Verde
El Pagador
El Hormiguero
Casablanca
San Isidro
Anzofé
La Boticaria
San Juán
Las Tres Palmas
Frontón
Dragos
Buenlugar
Almagro
Llanos de las Quintanas
El Calabozo
Casa de Aguilar
La Cuesta
Cueva de las Cruces
San Antonio
Los Paredones
Moya
Barranquillo Frío
Lance
Firgas
Las Tres Cruces
Agaete
Los Montañones
Viento
Vergara
El Junquillo
La Rosa
Verdejo
Santa Cristina
Los Tilos
Casas de Matos
San Fernando
Las Huertecillas
Bascamao
El Chapín
Ermita
Saucillo
Peñón
El Pedregal
San Pedro
Cazaeta
Vecindad de Entrente
Casas del Camino
Caideros
M.ña Alta
Balneario
Las Madres
Osorio
Tablero
Balneario de Berrazales
Barranco del Laurel
Los Berrazales
Bco del Pinar
Caserón
Zumacal
Gordo
Casas de Tamadaba
Fagajesto
Monagas
Zamora
Embalse de Los Pérez
San Bartolomé de Fontanales
Valsendero
Balcón de Zamora
Valleseco
La Solana
Tamadaba
Los Lugarejos
Caldera
Pinos de Gáldar
Las Longueras
Lanzarote
Ojero
Juncalillo
Casas Las Hoyas
La Coruña
Madrelagua
Las Arvejas
El Tablero
Cuevas de Corcho
Presa de Ariñez
Las Cuevas
Artenara
Brezos
Moriscos
Fuente Agria
Embalse Candelaria
El Majuelo
Cruz de Tejeda
Parador
Ariñez
La Yedra
Guardaya
Las Lagunetas
Acusa
El Rincón
La Degollada
Tejeda
La Corte
La Higuerilla
Cuevas Caídas
Roque Bentayga
El Chorrillo
Cueva Grande
El Carrizal
El Espinillo
La Solana del Chorrillo
La Culata
Roque de los Pérez
Hoya del Gamonal
El Toscón
Timagada
Presa de los Hornos
Cruz del Saucillo
Roque Nublo
Pozo de las Nieves
Ayacata
de Sándara
El Juncal
La Culata
Morro de Pajonales
Agualatente
Risco
Cruz de San Antonio

A
B
C
Punta de Guanarteme
Puerto Nuevo
Matas Blancas
Punta del Moreno
Sta Elena
Punta del Mármol
Punta Gallegos
Punta de Moya
Pico de Gáldar
La Atalaya
Playa San Felipe
Costa Lairaga
Punta de las Coloradas
Punta del Camello
El Puerto
Cuevas del Guincho
El Roque
San Andrés
Cardonal
El Burrero
Cañizares
El Arco
San Felipe
GC207
GC2
Cenobio
Gallego
Cabo Verde
El Pagador
Bañaderos
Trasmontaña
Sta. María de Guía
de Gran Canaria
El Hormiguero
GC330
GC75
Casablanca
Hinojosa
GC20
Anzofé
La Boticaria
San Juán
Las Tres Palmas
Frontón
Dragos
GC300
Mña de Arucas
El Hornillo
La Cuesta
El Calabozo
Casa de Aguilar
Buenlugar
Catedral
Los Guirres
San Antonio
Los Paredones
GC350
La Goleta
GC700
Moya
ARUCAS
La Frontera
Las Tres Cruces
Barranquillo Frío
Lance
La Caldera
Santidad
GC220
Vergara
Firgas
Casa Herrera
GC70
El Junquillo
Vasco López
Verdejo
Los Barranquillos
Los Portales
Santa Cristina
GC43
Los Tilos
Altabacales
Casas de Matos
San Fernando
Las Huertecillas
Bascamao
Picacho
Saucillo
El Pedregal
Presa de Tenoya
Barranco de los Propios
GC30
Cuevas de Gabelas
GC21
Peñón
Cazaeta
Balneario
Osorio
Ermita de las Nieves
Mña Alta
Barranco Oscuro
Las Madres
El Palmar
Guanchía
Tablero
Barranco del Laurel
El Rincón
Miraflor
Bco del Pinar
GC75
Zumacal
Caserón
Suerte
Fagajesto
Monagas
Nuestra Señora del Pino
Teror
Zamora
San Bartolomé de Fontanales
Valsendero
Balcón de Zamora
El Alamo
Valleseco
GC42
La Solana
Caldera Pinos de Galdar
Las Longueras
Lanzarote
Cuesta de Faleón
Espartero
Las Meleguinas
Ojero
Llano de la Mesa
Pino Santo
Santa Brígida
Madrelagua
Ermita del Corazón
Las Arvejas
El Tablero
GC21
Presa de Ariñez
Brigada
GC150
Cuevas de Corcho
Ca Quemada
Las Casas
Artenara
Fuente Agria
Utiaca
Vista Alegre
Moriscos
La Yedra
Cas de la Palma
GC210
El Majuelo
Cruz de Tejeda
GC230
Mña Cabreja
Bodequilla
Guardaya
Parador
Ariñez
Vega de San Mateo
Las Lagunetas
El Rincón
La Degollada
GC15
La Lechuza
Tejeda
La Corte
Roque Bentayga
Cuevas Caídas
La Lechucilla
Las Casillas
GC60
Cueva Grande
Espinillo
La Solana del Chorrillo
La Culata
Tenteniguada
Hoya del Gramonal
Timagada
El Rincón
Presa de los Hornos
GC600
Cruz del Saucillo
Roque Nublo
Pozo de las Nieves
Presa de Cuevas Blancas
Ayacata
El Juncal
Caldera de los Marteles
Cazadores
La Culata
Agualatente
Risco Blanco
Montaña de las Tres
GC60
118

D
E
F
1
2
3
4
5
6
2km
Los Albarderos
Roque Ceniciento
LA ISLETA
Santa Cruz de Tenerife 1½-4h
Punta de Las Salinas
Casas de las Coloradas
La Esfinge
Montaña de Vigía
Baja
Playa del Cobadal
Punta del Confital
Playa del Confital
LA ISLETA
Punta del Arrecife
Playa de las Canteras
Cast. de la Luz
a de Arucas
STA. CATALINA
GUANARTEME
Puerto de la Luz
La Hoya
Tinocas
Bahía del Confital
LAS ALCARAVANERAS
Cádiz 40h
Playa de las Alcaravaneras
Arrecife (Lanzarote) 7-14h
3½h
Casa Ayala
La Costa
Parque Doramas
RACE
LAS PALMAS
DE GRAN CANARIA
Morro Jable 1½h
Puerto del Rosario 6-8h
Pueblo Canario
ESCALERITAS
GC340
GC23
Las Torres
San Telmo
TRIANA
Cast. de San Francisco
Catedral de Santa Ana
Casa De Colón
Museo Canario
VEGUETA
Jacomar
Tamaraceite
Marrero
GC3
Rehoyas
Atlas
La Dehesa
Lomo Blanco
Almatriche
La Caleta
Cast. de San Cristóbal
San Cristóbal
Punta Casa Blanca
La Fuente
El Lasso
San Lorenzo
GC308
GC110
GC1
Presa Pintor
Presa de Martinón
Tafira Baja
Dragonal
Jardín Canario
Bajo de la Laja
Playa de la Laja
San Francisco de Paula
La Calzada
Tafira Alta
Monte Coello
GC4
GC3
Punta del Palo
Monte Lentiscal
Los Hoyos
GC800
Las Carretas
Punta Piedra Caballera
El Reventón
Pico de Bandama
Caldera de Bandama
Marzagán
San José
Los Toscones
Jinámar
Peñascos
Campo de Golf
Malpaso
Atalaya
Las Goteras
GC100
Mercalaspalmas
Playa de Malpaso
Hoya de Niebla
El Cortijo
La Majadilla
La Estrella
Playa de S. Borondón
GC80
Valle de San Roque
La Higuera Canaria
La Lombarda
San Antonio
San Juan Bautista
Mareta
La Garita
Playa de la Garita
Agüas de San Roque
TELDE
Playa de Hombre
Playa del Hombre
Palmas
GC41
Ermita San José
Los Llanos
El Calero
Punta de la Cueva
Playa de Melenara
Melenara
Los Llanetes
Los Arenales
Valle de los Nueve
Granja
Playa de Salinetas
Punta de la Salineta
La Colomba
Montaña de Barros
El Goro
Playa de la Hullera
Breña
GC140
Plaza de Toros
Cuatro Puertas
Punta de Silva
Topino
Cuevas de Pilares
Punta Ojo de Garza
Ojos de Garza
Playa Ojos de Garza
Pasadilla
Roque
GC120
Punta del Ambar
Barrio de Triana
Aeropuerto de Gran Canaria
Aguatona
Aeropuerto
115
119

Punta del Peñón Bermejo
Punta de Güigüi Chico
Playa de Güigüi
Artejévez
Viso
997
Montaña de la Fuer
Tocodomán
Mña de Horgazales
1042
Degollada de Tasartico
579 Degollada de la Aldea
Mña de las Monjas
1471
1426
Inagua
996
Mña del Lechugal
Tasartico
Degollada de Veneguera
655
Azulejos
Tasarte
Puntón de la Solana
582
Mogarenes
892
El Palmar
Punta de las Tetas
Playa del Asno
Casas el Manantial
Las Casas de Vengueras
Santa Brigida
Barranco de Tasarte
Playa de Agua Palmita
Cruz de Mogán
548
Lomo Tasarte
Veneguera
El Inglés
Las Casillas
Playa de Tasarte
GC200
602
Tabaibales
Los Navarros
Playa del Cerrillo
Punta del Cerrillo
Playa de las Canteras
Veneguera
Las Burrillas
Punta del Paso Nuevo
El Horno
Lomo de Tabaibales
Puntas de las Bajas
Puerto de Mogán
Punta del Castillete
Cruz de Piedra
183
Playa del Diablo
Punta Cruz de Piedra
Punta de los Frailes
GC500
Playa del Curo
Playa de Tiritaña
Punta de la Mesa de Tauro
La Playa de Tauro
Playa del Cura
Puerto Rico
Playa de los Amadores
Punta de la Hondura
Playa de Puerto Rico
OCÉANO
ATLÁNTICO
2km

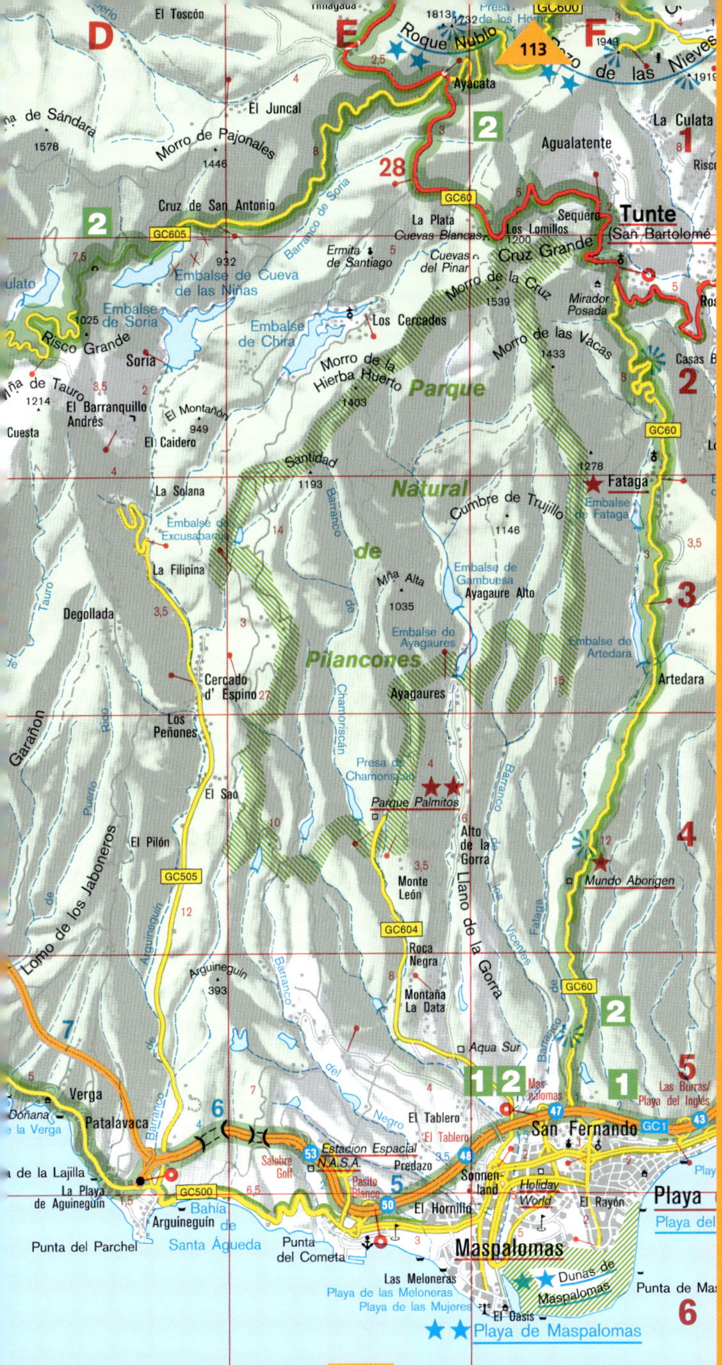

D
E
F
113
El Toscón
Roque Nublo
Ayacata
Pozo de las Nieves
La Culata
El Juncal
Morro de Pajonales
Agualatente
Cruz de San Antonio
Tunte
(San Bartolomé
La Plata
Cuevas Blancas
Los Lomillos
Sequero
Cruz Grande
Ermita de Santiago
Cuevas del Pinar
Embalse de Cueva de las Niñas
Embalse de Soria
Embalse de Chira
Risco Grande
Soria
Los Cercados
Morro de la Cruz
Mirador Posada
Morro de las Vacas
Casas B
Morro de la Hierba Huerto
Parque Natural de Pilancones
El Barranquillo Andrés
El Montañón
El Caidero
Cuesta
Santidad
Fataga
La Solana
Embalse de Excusabaraja
Cumbre de Trujillo
Embalse de Fataga
La Filipina
Embalse de Gambuesa
Ayagaure Alto
Mña Alta
Degollada
Embalse de Ayagaures
Embalse de Artedara
Cercado d' Espino
Ayagaures
Artedara
Los Peñones
Presa de Chamoriscán
Parque Palmitos
El Sao
El Pilón
Alto de la Gorra
Mundo Aborigen
Monte León
Lomo de los Jaboneros
Llano de la Gorra
Roca Negra
Arguineguín
Montaña La Data
Aqua Sur
Verga
Patalavaca
Las Burras/ Playa del Inglés
El Tablero
San Fernando
Estacion Espacial N.A.S.A.
Predazo
Salobre Golf
La Playa de Aguineguín
Pasito Blanco
Sonnenland
Holiday World
El Rayón
Playa
Playa del
Bahía de Santa Águeda
El Hornillo
Arguineguín
Punta del Parchel
Punta del Cometa
Maspalomas
Dunas de Maspalomas
Las Meloneras
Playa de las Meloneras
Playa de las Mujeres
El Oasis
Punta de Mas
Playa de Maspalomas

Nublo
Pozo de las Nieves
Presa de Cuevas Blancas
Ayacata
El Juncal
Caldera de los Marteles
Cazadores
La Culata
Agualatente
Risco Blanco
Moñtana de las
La Plata
Cuevas Blancas
Los Lomillos
Sequero
Tunte
(San Bartolomé de Tirajana)
Taidia
Ermita de Santiago
Cuevas del Pinar
Cruz Grande
Morro de la Cruz
El Morisco
Mirador Posada
Rosiana
Santa Lucía
Embalse de Chira
Los Cercados
Museo
El Rincón
Morro de las Vacas
Casas Blancas
Morro de la Hierba Huerto
Parque
Igerio
Temisas
Lomo
Tehera
Santidad
Los Sitios
Fataga
Embalse de Fataga
Embalse de Tirajana
La Sorrueda
Natural
Cumbre de Trujillo
Fortaleza Grande
Amurga
Roque Aguayro
de
Mña Alta
Embalse de Gambuesa
Ayagaure Alto
Barranco de Tirajana
Embalse de Ayagaures
Embalse de Artedara
Pilancones
Artedara
Ayagaures
Chamoriscán
Presa de Chamoriscán
Parque Palmitos
Alto de la Gorra
Mundo Aborigen
Monte León
Llano de la Gorra
Tabaibas
Roca Negra
Montaña La Data
Barranco del Aguila
Sioux City
Tarajalillo
San Agustín
Bahía Feliz
Aqua Sur
Playa de Tarajalillo
Playa del Águila
Las Burras/ Playa del Inglés
Maspalomas
El Tablero
Nueva Europa
Punta Morro Besudo
Playa de San Agustín
San Fernando
Estación Espacial N.A.S.A.
Salobre Golf
Predazo
San Agustín
Pasito Blanco
Sonnenland
Holiday World
El Rayón
Playa de las Burras
El Hornillo
Playa del Inglés
Punta del Cometa
Maspalomas
Las Meloneras
Dunas de Maspalomas
Punta de Maspalomas
Playa de las Meloneras
Playa de las Mujeres
El Oasis
Playa de Maspalomas
GC60
GC600
GC65
GC604
GC500
GC1

D
E
F
115
1
2
3
4
5
6
Breña
C130
Barranco
Roque
Pasadilla
GC120
Topino
565
14
319
Cuevas de Pilares
Cuatro Puertas
Plaza de Toros
GC140
13
15
16
18
Punta Ojo de Garza
Ojos de Garza
Playa Ojos de Garza
Punta del Ambar
Barrio de Triana
Aeropuerto de Gran Canaria
Aeropuerto
Bahía de Gando
104
Punta de Gando
Playa de San Agustín
Aguatona
GC100
245
Mña Malfú
Museo de Piedros
Barranco de Guayadeque
Guayadeque
Ingenio
(339)
Las Meijas
GC103
GC196
Carrizal
(118)
Carrizal/ Ingenio/ Agüimes
9
Playa del Burrero
C550
Agüimes
(286)
Llanos Prietos
Playa de las Cruces
Los Corralillos
Parque del Cocodrilos
Piletas
GC100
GC191
GC1
Lago Edén
C551
GC104
Cruce de Arinaga
25
Arinaga
Punta de la Sal
Punta de la Monja
199
Playa del Cabrón
Balos
de Cardon
277
Masaciega
GC65
Cruce de Sardina
26
Vecindario/ Arinaga
GC100
Arinaga
Punta del Mato
Bahía de Arinaga
Punta de las Salinas
Sardina
Vecindario
28
Vecindario/ Pozo Izquierdo
Bahía de Formas
Aldea Blanca
Punta Gaviota
El Doctoral
La Florida
El Doctoral/ Juán Grande
30
Juán Grande/ Vecindario
32
Punta del Corral
Llanos de Juán Grande
Punta de Tenefé
Juán Grande
(35)
El Matorral
Caleta
Castillo del Romeral
Playa de los Tártagos
Playa de la Caleta
Puntilla de la Caleta
Playa Corral de Espino
Cardón
Tarajalillo
OCÉANO
ATLÁNTICO
2km

In diesem Register sind alle in diesem Führer erwähnten Orte und Ausflugsziele sowie wichtige Sachbegriffe verzeichnet. Halbfette Seitenzahlen verweisen auf den Haupteintrag, kursive auf ein Foto.

Schreiben Sie uns!

Liebe Leserin, lieber Leser,

wir setzen alles daran, Ihnen möglichst aktuelle Informationen mit auf die Reise zu geben. Dennoch schleichen sich manchmal Fehler ein – trotz gründlicher Recherche unserer Autoren/innen. Sie haben sicherlich Verständnis, dass der Verlag dafür keine Haftung übernehmen kann. Wir freuen uns aber, wenn Sie uns schreiben.

Senden Sie Ihre Post an die MARCO POLO Redaktion,
Mairs Geographischer Verlag, Postfach 31 51, 73751 Ostfildern,
marcopolo@mairs.de

Impressum

Titelbild: Dunas de Maspalomas (E. Wrba)
Fotos: O. Baumli (50, 55); HB Verlag: Widmann (UM., 21, 27, 29, 35, 40, 51, 52, 74, 98); K. Kallabis (5o., 59); C. Lachenmaier (12, 38, 45, 62); Lade: S.K. (26); Mauritius: Schmied (49); laif: Piepenburg (93); D. Renckhoff (5u., 7, 15, 87, 89); Touristik-Marketing (42); T. P. Widmann (Ur., 1, 2u., 4, 6, 9, 11, 18, 20, 22, 25, 28, 32, 37, 39, 64, 66, 70, 76, 81, 96); E. Wrba (Ul., 2o., 17, 83, 84, 90, 94, 109)

4. (14.), aktualisierte Auflage 2004 © Mairs Geographischer Verlag, Ostfildern
Herausgeber: Ferdinand Ranft, Chefredakteurin: Marion Zorn
Redaktion: Karin Liebe, Bildredaktion: Gabriele Forst
Kartografie Reiseatlas: © Mairs Geographischer Verlag/Falk Verlag, Ostfildern
Gestaltung: red.sign, Stuttgart
Sprachführer: in Zusammenarbeit mit Ernst Klett Sprachen GmbH, Stuttgart, Redaktion PONS Wörterbücher

Printed in Germany. Gedruckt auf 100% chlorfrei gebleichtem Papier

Bloß nicht!

Auch auf Gran Canaria gibt es Touristenfallen und Dinge, die Sie vermeiden sollten

Getrennt bezahlen wollen

Wer in Restaurants getrennt zahlen will, erntet auf den Kanaren Unverständnis. Auf den Inseln ist man es gewohnt, dass einer für alle bezahlt. Machen Sie es dem Kellner also leichter, und lassen Sie sich von südlicher Nonchalance anstecken. Heute zahlen Sie, morgen Ihre Freunde.

Falsche Souvenirs kaufen

Uhren, elektronische Artikel und Markenmode sollten Sie nur in Kaufhäusern und Geschäften erwerben. Bei Schnäppchen auf Basaren und Flohmärkten handelt es sich so gut wie immer um Fälschungen. Gleiches gilt für angeblich handgestickte Decken und andere »echt kanarische« Produkte.

Kriminalität unterschätzen

In Las Palmas und Touristenzentren werden Mietwagen aufgebrochen und Wertsachen am Strand oder im Hotel geklaut. Lassen Sie deshalb nichts im Auto liegen und Wertsachen auch nicht unverschlossen im Hotelzimmer oder Apartment! Besser in den Safe damit oder bei der Rezeption abgeben. Das gilt auch für den Zimmerschlüssel.

Timesharing

Aggressive Verkäufer und leider auch ein großer deutscher Touristikkonzern versuchen, Urlaubern das Modell »Wohnen auf Zeit« zu verkaufen. Das rechnet sich lediglich für den Verkäufer. Die Nutzungsrechte sind stark eingeschränkt, hohe Nebenkosten kommen dazu. Ein Gesetz gibt dem »Käufer« das Recht, den Vertrag innerhalb von zehn Tagen nach Unterzeichnung ohne Angabe von Gründen rückgängig zu machen.

An Werbefahrten teilnehmen

Arglose Touristen werden von Prospektverteilern geködert, an kostenlosen Inselrundfahrten mit Einladung zu Kaffee und Kuchen teilzunehmen. Dabei werden den Gutgläubigen überteuerte, oft minderwertige Waren wie Rheumadecken aufgedrängt. Machen Sie solche Ausflüge nicht mit!

Sich in Restaurants abzocken lassen

Brot gehört in Spanien zu jedem Essen. Früher war das umsonst. Heute wird es kommentarlos auch ohne Bestellung serviert … und kassiert. Generell gilt: Wenn Sie berechtigterweise unzufrieden sind, verlangen Sie die *hojas de reclamación* (Beschwerdeblätter), die jedes Restaurant haben muss und die vom Staat kontrolliert werden. Dort können Sie Ihre Kritik aufschreiben.